JN438432

# 낙타가 태양을 피하는 법

# 낙타가 태양을 피하는 법

이지원 수필집

수필과비평사

## | 서문 |

삼 년 만에 두 번째 책을 내게 되었다. 두 번째라는 것의 무게는 결코 가볍지 않았다. 혼자 짊어져야 할 것이기에 쓸쓸하기도 했다. 글을 다듬기 시작한 이른 봄부터 늦은 여름까지 이 무게감을 어쩌지 못하여 내내 고민하며 지냈다. 게다가 집중할 시간조차 넉넉하지 않았다.

종으로 횡으로 엮여 있는 일상은 오롯이 나를 위한 시간을 좀처럼 내주지 않았다. 구순을 바라보는 어머님이 한 달 사이에 두 번의 수술을 받으셨다. 몸도 바쁘고 마음도 바빴다. 이울어가는 삶을 지켜보는 일 또한 무겁고 쓸쓸했다.

글을 마냥 붙들고 있을 수만은 없었다. 첫 책에 담긴 글들이 내 우물 파기였다면, 두 번째는 시야를 넓혀야 마땅하다고 생각했다. 이 시대의 수필가는 어떤 시선으로 세상을 바라보아야 할 것인가 고민했다. 다양한 세계를 보고 사유를 담고자 노력했으나 짐작대로 쉽지 않았다. 그것은 순전히 사유가 깊지도 넓지도 못한 내 탓이었다.

사십여 편의 글을 정리하면서 내 눈의 한계를 절감했다. 눈에 문제가 있어 눈을 최대한 아껴야 하지만 어쩔 수 없이 혹사시키는 부분이 많다. 할 수 있는 선에서 최선을 다하기로 마음을 바꿨다. 시력은 자꾸 약해져 가고 시야는 점점 좁혀드는데 세상도 그렇게밖에 보지 못할까 봐 조바심이 난다. 육안의 시야는 좁아질지라도 심안의 시야는 전방위로 펼쳐 두고 살고 싶지만 이 또한 쉬운 일이 아니다.

한 생을 살면서 곡절을 겪지 않는 사람이 얼마나 될 것인가. 내 앞에 놓인 삶도 녹록지 않지만 그저 감싸 안고 함께 가고 있다. 피할 수 없고 뿌리칠 수 있는 것이 아니기에 이글대는 태양과 맞서는 사막의 낙타처럼 그렇게 걸어가고 싶다.

솔직히 글을 쓰는 일이 예전만큼 즐겁지는 않다. 보는 눈은 눈썹 위에 있고, 듣는 소리는 귀명창이 되어 있는데 정작 자신은 그러하지 못한 까닭이다. 그럼에도 쓸 수밖에 없는 것은 자기 연민에 빠지지 않고 자신의 삶을 곡진하게 사랑하기 위해서다.

혹독한 더위를 견디며 지나온 여름을 돌아본다. 너무 뜨거워서 제대로 영글지 않은 열매가 되지는 않았을까? 조심스레 가을의 문을 연다.

2016년 가을

이지원

| 차례 |

2부

## 보람줄

3부

# 자작나무

4부

## 꿈꾸는 방

**5부**

## 당목撞木



**발문 | 허창옥**

1부

# 소리를 보고 향기를 듣다

사랑한다는 이유로 상대를 내 안에 가두고 내 생각대로 움직이려 든다. 그럴수록 사랑이 싹틀 때 가졌던 설렘은 갈등과 애증으로 바뀐다. 지금 깨우친 것을 좀 더 일찍 알았더라면 사람으로 인해 주고받았던 상처를 줄일 수 있었을지도 모르겠다. 관계 맺음과 대상에 대한 거리 두기는 요즘 내가 붙들고 있는 화두다.

# 바다를 저장하다

그녀를 만나러 간다고 생각하니 지난 세월이 떠올라 만감이 교차한다. 불쑥불쑥 끼어드는 상념을 물리칠 수가 없다. 흐릿해져 가는 세상 속에서 절망하던 날들이 스쳐간다. 그 벽과 마주서서 보낸 시간이 어느덧 십 년 가까이 흐른 듯하다. 이제는 담담하게 살아가고 있는 자신을 보니 칼끝 같던 마음도 세월 앞에 무디어 가는 모양이다. 오늘은 내가 그녀의 '흰지팡이'가 되어야 한다.

몸이 천 냥이면 눈은 구백 냥이라고 한다. 그런 눈이 점점 망가져 가고 있으니 갈피 잡지 못하는 제 마음을 단속하느라 그녀를 만나러 가던 나들이도 뜸해졌다. 서로 못 보고 지낸 지 서너 해가 되었다.

"햇살, 나 보면 깜짝 놀랄 거야."

며칠 전, 휴대전화기 너머로 들려오는 소리에 가슴 한자리가 서늘해졌다. 그사이 생긴 시간의 간극에 변화가 생겼음을 뜻했다. 어느 정도일까. 앞으로의 내 모습을 미리 보는 것 같아 잠시 갈등이 일었다. 이런 연유로 늘 마음이 바쁘다. 내가 매사에 열정을 가지는 것은 하고 싶어도 할 수 없을 날에 대한 본능적 위기감 때문인지도 모른다.

그녀가 있는 해운대는 내가 사는 곳에서 넉넉잡아도 한 시간이면 도착할 수 있다. 마음을 단단히 먹고 버스에서 내린다. 그녀는 긴 우산 하나를 들고 서 있다. 날씨가 이렇게 화창한데 양산도 아닌 우산을 왜 가지고 나왔을까?

"차마 케인은 아직 못 들겠더라."

동백섬을 걸으며 그녀가 씁쓸하게 웃는다. 헛기침을 하며 마음을 감추려 애를 써도 눈물이 앞을 가린다. 젖은 내 얼굴을 그녀가 제대로 볼 수 없다는 게 고맙기까지 하다. 중도시각장애인은 '흰지팡이'를 드는 데도 엄청난 용기가 필요하다. 보고 살았던 시간 속에 갇혀 눈앞에서 멀어져 가는 현실을 쉽게 받아들이지 못하기 때문이다.

쪽빛 가을바다를 '바다'인 그녀가 보고 있다. 잔잔한 바다 한 귀퉁이, 반짝이며 흐르는 물비늘 몇 가닥, 자유롭게 떠다니는 뭉게구름 한 조각…. 전부가 아닌 일부밖에 담지 못해도, 또렷하게 보이지 않아도 감사한 것일까. 뭉근한 가을볕 속의 그녀를 보고 있자니 애잔하기만 한데 화장기 없는 얼굴에 미소가 가득하다.

수년 전, 눈에 이상이 생겨 찾은 안과에서 시야가 점점 좁아지면서 종내는 빛을 잃게 되는 병이라는 말을 듣게 되었다. 상상하지도 못했던 일이 나 모르게 진행되고 있었던 것이다. 실의에 빠져 허우적거릴 때 그녀가 내 손을 잡아 주었다. 그녀를 처음 만난 곳은 환우들이 모이는 온라인 사이트에서였다.

그녀의 닉네임은 '바다'였고 나는 '햇살'이었다. '바다'는 서울

깍쟁이답지 않게 속이 깊고 여린 사람이었다. 사람들의 닉네임을 보면 대체로 성품이 보인다. '햇살'처럼 밝게 살고 싶은 나는 품이 넉넉한 '바다'와 도타운 정을 쌓아갔다. 무시로 드리우는 먹구름 앞에서 '햇살'이 비실대면 그녀는 노을빛 '바다'가 되어 너른 품을 내주며 나를 보듬어 주었다.

서울에 자주 가지 않게 된 것이 흐릿해진 눈 때문만은 아니었다. 나보다 진행이 많이 된 환우들을 보고 돌아오는 날이면 한동안 우울의 나락에서 헤어날 수가 없었다. 전등 불빛에도 눈이 부셔 모자를 쓴 사람이 있는가 하면 식당에서 벗어 놓은 신발을 찾지 못해 쩔쩔매는 사람도 있었다. 누군가 챙겨주어야만 움직일 수 있는 사람을 봤을 때는 억장이 무너졌다. 그 일들은 미구에 닥칠 내 일이기도 했다.

'바다'의 손을 잡고 천천히 걸어야 하니 좁다란 길에서는 뒷사람들을 먼저 보내주어야 한다. 오르내리는 계단과 울퉁불퉁한 길을 먼저 살피고 조심스레 걷는다. 생각만큼 힘들진 않다. 그런데 옆 사람을 의지해 다니던 내가 그녀의 지팡이 노릇을 하다 내 처지를 잠시 잊었다. 계단 하나를 미처 보지 못해 함께 넘어질 뻔했다.

보통 사람들보다 시간이 두 배는 넘게 걸렸으나 무사히 바닷길 산책을 마쳤다. 그녀는 바다가 좋아서 남편을 따라 이곳으로 내려왔지만 거동이 자유롭지 못해 자주 나올 수가 없다. 그 암담함은 가족도 이해하지 못한다. 아니, 이해하기 힘들다. 세상 밖으로 점점 밀려나는 이 느낌을 알 리 없다. 시간이 갈수록 좁혀드는 시야처럼 자꾸 옹졸해지려는 마음을 경계하기 위해 바다와 마주서고 싶다는 것을 사람들은 눈치채지 못한다.

늦은 점심을 먹기 위해 달맞이길로 향한다. 자주 왔던 곳이라 잘 찾아갈 줄 알았는데 헷갈린다. 생각해 보니 나 혼자 찾아가 본 적이 없다. 약간의 곡절을 겪고 난 후 가려고 했던 레스토랑을 찾았다. 자리를 찾아 앉고 보니 둘 다 땀범벅이다. 땀을 식히는 동안 주문한 음식이 나왔다. 그녀는 차려진 음식에 손을 대지 못하고 있다. 얼른 앞 접시에 종류대로 담아 오른쪽에는 샐러드, 왼쪽에는 스테이크라고 일러준다.

식사를 하면서도 화장실이 어디에 있는지 약한 시력의 촉수를 곤두세워 탐색한다. 직진하여 오른쪽으로 돌아가는 곳에 있는 것 같다. 언젠가 혼자 씩씩하게 가다 넘어진 기억이 떠올라 세심하게 동선을 살핀다. 맑은 미소를 지으며 마냥 행복해 하는 그녀를 보니 마음이 뿌듯했지만 이내 먹먹해진다. 이곳으로 오면서 솔숲에 핀 꽃무릇의 화려한 자태에 길을 잠시 멈추었다. 하지만 그녀는 제대로 보지 못했다. 스마트폰으로 찍은 사진을 확대해서 보여 주었다. '바다'는 지금 우련한 세상을 살아가고 있다. 정도의 차이가 있을 뿐, '햇살'도 마찬가지다.

오늘 본 바다는 우리가 앞으로 보게 될 바다 중에서 가장 넓은 그림으로 남게 될 것이다. 훗날, 눈물겹게 그리워하게 될 오늘을 영원히 기억하고 싶기에 이 가을바다를 '바다'와 '햇살'의 눈에 담아 저장키를 누른다.

# 아름다운 하루

새털같이 많은 날 중에 아름다운 날로 기억되는 시간은 얼마나 될까? 눈코 뜰 새 없이 바쁘게 지나간 날들이 있었고 우두커니 먼산바라기만 하다 보낸 날도 있었다. 친구와 하루를 온통 수다로 보낸 날도 종종 있었다. 시름에 겨워 머리 싸매고 누워 밤을 맞이하던 날 또한 있었다. 살아가는 동안 우리네 일상은 희로애락의 연속일 것이다. 돌이켜 보니 이런 날들 역시 소중한 기억이 될 것 같다. 세월의 무게가 느껴질수록 이제는 조금 더 의미 있는 날을 만들어 가며 살고 싶다.

모임에서 '아름다운 하루' 행사를 가지게 되었다. '나눔'과 '순환'을 실천하는 '아름다운 가게'에서 회원들이 몇 달 간 모아 온 물품들을 가지고 장터를 열게 되었다. 쓰던 물건들 중에 이제는 소용되지 않는 물건들을 모아 판매하는 행사였다. 회원들이 모아야 할 물건이 모두 오백 점 이상은 되어야 한다기에 걱정이 앞섰다. 중고품이지만 사용하기에 부족함이 없는 물건을 가려서 내기가 쉽지 않을 것 같았다.

날을 잡아 집안 곳곳을 살펴보았다. 옷장에는 몇 년 동안 잠자고 있는 점퍼와 티셔츠들, 있는 줄도 몰랐던 바지가 수두룩했다. 어두컴컴한 싱크대 찬장 속에는 그릇들이 지층을 이루고 있었다. 신발장을 여니 신지도 않는 운동화와 구두가 묵은내를 풍기며 웅크리고 있었다. 몇 해째 바깥세상 구경을 하지 못한 옷과 그릇, 신발을 보니 괜스레 미안해졌다. 왜 이렇게 쌓아두고 사는 것일까. 사용하지 않으면서 나누기도 그렇고 버리지도 못하고 있는 물건들을 정리하기로 했다.

행사 날이 다가오면서 회원들이 정성껏 모은 물품이 산처럼 쌓이기 시작했다. 아끼던 소장품을 기꺼이 기증한 회원이 있는가 하면, 자신의 사업장에 있는 물건들을 한 트럭이나 실어 온 회원도 있었다. 주방용품을 비롯하여 잡화, 의류, 신발 등 없는 게 없었다. 아름다운 사람들의 애쓴 마음이 물건마다 스며들어 반짝거렸다. 이제는 저 물건들이 잘 팔리기만 하면 행사는 성공리에 마무리될 것이다.

드디어 '아름다운 하루'가 열렸다. 모임에서 기증한 물건이 천 점이 넘었다. 진열대가 넘쳤다. 다양한 물건들이 순식간에 진열대를 떠나 새 주인을 따라갔다. 가격마저 착하게 매겨져 있으니 이보다 더 좋을 순 없었다. 좋은 물건을 착한 가격에 사게 되면 누구든지 행복한 마음이 되지 않던가.

직접 그린 그림을 기증한 회원의 유화 한 폭과 신상품 가방은 경매를 하여 낙찰가로 판매되었다. 수익도 올리고 경매의 즐거움도 맛보았다. 이날의 수익금은 불우한 이웃을 돕는 데 쓰인다. 문전성시를 이룬 '아름다운 하루'의 총 판매액이 이제까지 열린 장터 중에 최고였다고 하니 우리 회원들의 저력을 다시금 느끼게 된 날이기도 했다. 판매만을 목적으로 하는 곳과 매출을 비교

한다면 적은 금액일 수 있겠으나 '아름다운 하루'의 행사는 단순하게 물건을 사고파는 것이 아니기에 그 가치를 금전적으로 비교할 수는 없는 일이다.

시장경제 논리로 따진다면 나눠 쓰고 돌려가며 다시 사용하는 것을 바람직하게만 보지 않는다. 특히 기업 입장에서는 썩 반가운 일은 아닐 것이다. 새 상품을 만들어 내면 사람들이 지속적으로 소비를 해 주어야 기업이 살아남을 수 있기 때문이다. 그래서 기계를 더 튼튼하게 만들 수 있어도 굳이 그러지 않는다고 한다. 또 다른 '순환'을 위해서다. 물론 기업이 잘 돌아가야 일자리가 늘어나서 경제가 원활해지지만 무조건 소비만을 부추기는 부분이 적지 않다.

이제는 우리의 의식을 조금씩 바꿔 가야 할 때가 아닌가 한다. 늦은 감이 없지 않지만 '나눔'과 '순환'의 정신에 관심을 가지고 마음을 모으고 싶다. 조금 불편해도 서로가 참으며 함께 걸어갈 수 있는 세상이 되었으면 좋겠다. 소비만 하는 세상이 결코 좋은 세상은 아닌 것 같아서다. 물질에서 자유로워지면 정신이 풍요로워진다는 것을 조금씩 깨닫고 있다. 정말 소중한 것이 무엇인지 생각하게 되었다.

'아름다운 하루'가 끝났다. 뿌듯하고 뭉클한 감동이 마음속에서 잔잔하게 퍼져 나갔다. 함께한 회원들도 나와 같은 마음일 것이다. 마음 깊이 울림이 전해지던 의미 있는 하루, 또 다른 아름다운 하루를 자주 만들어 마음의 곳간에 차곡차곡 쟁여놓고 싶다. 무엇을 하건, 하지 않건 간에 우리 앞에 놓인 시간은 끊임없이 흘러가기 때문이다.

# 소리를 보고
# 향기를 듣다

여름 내내 문향정聞香亭이 눈앞에 아른거렸다. 지난봄, 절 뒤쪽에 잠시 앉았던 정자와 그 앞에 펼쳐진 풍경에 마음을 빼앗겨 선선한 바람이 불 때 다시 한 번 찾으리라 작정했다.

달을 품고 있는 산 아래 기림사含月山祇林寺가 있다. 넓고 호젓한 사찰 뒤 후미진 곳에 있는 정자를 만나기 위해 사천왕문을 지난다. 절에 들었으니 부처님께 인사는 드려야 할 것 같아 대적광전에서 삼배를 올린다.

정자를 향해 걸음을 옮긴다. 봄에 보았던 문향정은 가을에도 여전하다. 가을 초입의 풍경은 보이는 것보다 느낌으로 먼저 다가온다. 목덜미를 스치고 지나가는 바람의 촉감이 봄과는 판이하다. 그 바람으로 벼가 여물고 푸른 잎사귀도 고운 물을 머금게 될 터이다.

정자 마루에 앉아 차를 마신다. 거리를 두고 바라보는 풍경에 마음은 한없이 푼푼해진다. 수풀 자리를 비추는 하늘빛이 왕연하다. 무위자연無爲自然, 사람이 애써 가꾸지 않아도 거기 있는 그대로 바라본다는 것이 이렇게 편안한 기분이 될 줄 예전에는 미처 몰랐다. 가꾼다는 것은 정을 쏟고 애착을 가지는 일이다. 사람이든 사물이든 지극히 아끼고 사랑하다 보면 놓쳐 버리는 게 더 많지 않던가.

사랑한다는 이유로 상대를 내 안에 가두고 내 생각대로 움직이려 든다. 그럴수록 사랑이 싹틀 때 가졌던 설렘은 갈등과 애증으로 바뀐다. 지금 깨우친 것을 좀 더 일찍 알았더라면 사람으로 인해 주고받았던 상처를 줄일 수 있었을지도 모르겠다. 관계 맺음과 대상에 대한 거리 두기는 요즘 내가 붙들고 있는 화두다.

보살 두 분이 곁에 잠시 머문다. 맑은 얼굴에 마주친 눈빛이 곱다. 차를 권하며 잠시 대화를 나눈다. 왼편으로 들어가면 조붓한 산길이 나오고 좀 걷다 보면 큰 바위가 나오는데 그 곁에 폭포가 있다고 한다. 작지만 예쁜 곳이라고 일러준다.

자리를 털고 산길로 향한다. 신실한 눈빛이 일러준 대로다. 하늘을 가릴 듯 큰 나무가 숲을 이루고 부드러운 흙길 위에 밤송이가 흩어져 있다. 샛길로 다람쥐 한 마리 달아난다. '고 녀석 참 앙증맞다.' 싶었는데 발아래 도토리가 지천이다.

현수막 하나가 눈에 든다. 눈물 글썽한 다람쥐 한 마리가 그려져 있다. 아무 생각 없이 도토리를 주우려다 무춤해진다. '도토리를 가져가면 안 돼요. 배가 고파요. 겨울철 제 먹이를 가져가지 말아 주세요.' 다람쥐 눈에서 연방 눈물이 뚝뚝 떨어질 것 같다. 숲길에 뒹구는 도토리 한 알도 다람쥐에겐 겨울을 나는데 없어서는 안 될 식량이다. 손을 털고 허리를 편다.

사람이나 자연이나 있는 그대로 마음에 담아야 오래 볼 수 있다. 문향정에서 거리를 두고 바라본 거기 그대로의 풍경, 그 거리에서 향기를 듣듯이 너무 멀지도 가깝지도 않은 그런 관계에 대해 생각한다. 밀착된 사이에서 볼 수 있는 것은 극히 작은 부분이다. 떨어져서 볼 수 있는 공간에는 한쪽으로 치우치지 않는 시야가 생긴다. 너무 가까워서 보이지 않고 들리지 않던 향기를 느낄 수 있다.

물소리가 난다. 일러준 폭포가 근처에 있나 보다. 소리는 들리는데 길섶에서 두리번거려도 폭포는 보이지 않는다. 길손에게 물어보니 되짚어 조금만 내려가라 한다. 보물은 사람의 눈에 쉬이 뜨이지 않는 모양이다. 몸을 낮추고 비탈을 내려간다. 용연폭포다. 폭포는 문무왕의 장례 길이자, 신문왕이 옥대와 만파식적을 얻었다는 길옆에 있다.

'왕의 길'에 들어서일까. 먼 세월 속에 묻혀 있는 피리 소리가 그립다. 온갖 근심 걱정을 잠재우던 피리 소리는 지금, 나에게도 절실한데 만파식적은 전설 속에 잠겨 있다.

문향정에서 향기를 듣듯이 관음觀音, 폭포에서 물소리를 본다. 아래로 아래로 쏟아지는 물소리에 눈을 뗄 수가 없다. 높은 곳을 향해 자꾸 치솟으려는 마음을 끌어내리라고 하는 것 같다. 아침저녁으로 변하는 사람의 마음을 폭포는 직관으로 알아차린 듯하다. 들킨 마음이 부끄러워 괜스레 하늘을 올려다보며 딴청을 부린다.

사람의 삶이 버거운 것은 욕망에서 자유롭지 못한 탓이다. 남보다 더 많은 것을, 더 크고 좋은 것을 가지고 싶기에 매사에 집착한다. 물질적인 모든 것은 이생에서 잠시 빌려 쓰고 갈 뿐이다. 왜 그렇게 안달복달하며 살아왔던 것일까.

바위에 앉아 하염없이 쏟아지는 물소리를 본다. 필요한 만큼만 가지려고 웃자라는 마음을 지그시 누른다. 소중한 사람일수록 집착하게 되는 마음에 거리를 두려 한다. 처음부터 그랬던 것은 아니다. 한 시절, 남들보다 하나라도 더 가지려 앞만 보고 뛰었으며 좋은 사람들을 내 곁에만 묶어두려 했다. 어느 순간, 잡고 싶다고 잡히는 것이 아니라는 것을 알았다. 우매한 탓일까. 깨닫는 걸음은 언제나 몇 발짝 뒤에 왔다.

계절이 익어가는 산길을 되돌아 문향정에 이르니 어깨를 어루만지는 바람에 향기가 묻어난다. 바람의 냄새는 코끝에서 달다. 정자 기둥에 팔을 둘러 가만히 귀를 대본다. 세상의 온갖 사연과 계절마다 바뀌는 숲의 수런거림을 다 듣고도 묵묵한 나무기둥에서 곰삭은 세월의 향기를 듣는다. 윙윙대는 호박벌과 잠자리 날갯짓 소리를 남겨두고 정자를 물러나온다.

매월당 사당 앞 담장에 핀 코스모스가 하늘을 향해 웃고 있다. 마음에 담아 온 기림사 뒤꼍의 풍경이 오랫동안 내게 머물러 주었으면 한다. 하여 나날이 맺고 사는 뭇 인연에도 있는 그대로 바라볼 수 있는, 치우침 없는 마음이 쉬이 바래지 않기를 소망해 본다. 잘 보이지 않는 세상의 뒷모습에 눈을 모으고 귀를 기울여 잘 익어 가고 싶다. 소리를 보고 향기를 듣고 온 까닭이다.

# 촌놈 판독기

가끔 서울에 가면 역에서부터 긴장이 된다. 오늘도 볼일이 있어 서울에 왔는데 예외 없이 긴장모드다. 계단과 나란히 있는 에스컬레이터는 사람들로 꽉 차 옆구리가 터질 듯 위태로워 보인다. 잠시 바라보다 정신을 바짝 차리고 에스컬레이터에 발을 올린다.

시간은 넉넉한데 마음이 왜 이렇게 바쁜지 모르겠다. 서울이라는 거대한 도시가 나를 압도하기 때문일까. 수많은 발자국이 어지럽게 찍힌 역내를 빠져 나와 지하철을 타기 위해 바쁘게 걸음을 옮긴다. 전철은 탈 때마다 아리송하다. 선로가 복잡하게 얽혀 있는 지하철은 나를 매번 주눅 들게 한다. 행선지를 확인하고 방향을 체크한다. 두 번, 세 번 확인을 해야 안심이 된다. 자칫 방심하면 거꾸로 가거나 엉뚱한 노선을 탄다. 오늘은 1호선을 타고 노량진에서 내려 다시 9호선으로 갈아타야 목적지에 갈 수 있다.

삼십 년 전, 직장을 다니고 있을 때였다. 연수를 받으러 가거나 결산서류를 들고 서울에 있는 본점으로 출장을 갈 때도 지금처럼 바짝 긴장을 했었다. 그때는 고속버스를 타고 강남터미널에서 내려 전철을 탔다. 충무로에서 바꿔 타고 회현역에서 내리면 되었는데 갈 적마다 단번에 찾아간 적이 없었다. 내리는 곳을 지나쳐 한 정거장 더 가거나, 거꾸로 타는 바람에 원점으로 돌아오거나, 가긴 잘 갔는데 출구를 제대로 찾지 못해 목적지를 눈앞에 두고 계단을 수없이 오르내렸던 기억이 새삼스럽다.

그 무렵 2주간 연수를 간 적이 있었다. 남대문로에 있는 본점은 석조건물로 고풍스런 외관을 자랑하고 있었지만 그 사이 늘어난 직원들을 다 수용하지 못할 정도로 비좁았다. 연수원으로 가기 전에 뒷건물에 임시로 세 들어 있는 부서를 찾아가야 할 일이 있었다. 하늘을 찌를 듯 솟아있는 건물을 신기하게 올려다보며 빌딩 앞에 도착했다.

'근데 저게 뭐지?' 잘 찾아온 보람도 없이 쭈뼛거리며 안으로 들어가지 못하고 우두망찰 서 있었다. 여지껏 한 번도 본적 없는 문이 있었기 때문이다. 밀거나 당겨서 열리는 문이 아니었다. 빙빙 돌아가는 저 문을 어떻게 통과해야 할지 몰라 난감하기 이를 데 없었다. 긴 연수를 받아야 하기에 들고 있는 가방도 무겁게 느껴졌다. 버스를 다섯 시간이나 탔고 지하도 계단을 오르내리며 걸어 다녔으니 오죽했으랴. 본점에 근무하는 동기에게 좀 나와 달라고 미리 부탁까지 했건만 보이지 않았다.

이른 봄이라 바람이 쌀쌀했지만 이마엔 땀이 송송 맺혔다. 한쪽에 비켜서서 희한한 저 문을 다른 사람들은 어떻게 들어가는지 지켜보기로 했다. 가만히 보니 칸이 질러진 문에 몸을 넣고 손으로 밀면서 들어가는 것이었다. 가슴을 펴고 숨을 한 번 크게 쉬었다. 아무렇지 않은 척 처음 보는 문을 통과하기 위해 조심스레 발을 뗐다.

젊은 남자가 문 안으로 들어갔다. 잽싸게 뒤를 따랐다. 앞서 들어간 남자의 등을 보며 같은 칸에 서게 되었다. 조금만 움직이면 부딪칠 만큼 좁은 공간이었다. 앞 사람이 고개를 돌려 뜨악하게 쳐다보는 순간, 손잡이만 들어와 있던 가방이 밖으로 튕겨 나갔다. 아, 이 무슨 낭패란 말인가. 뭔가 잘못되었다는 생각이 들었지만 뭐가 문제였는지 머릿속은 잘 돌아가던 기계가 갑자기 멈춘 듯 정지 상태가 되었다.

내가 수모를 당하는 동안에도 문은 계속 돌아갔으며 내 몸은 얼떨떨한 상태로 건물 안에 들어와 있었다. 하지만 튕겨 나간 가방은 영문을 모른 채 문 밖에 고꾸라져 있었다. 어쩔 줄 몰라 쩔쩔매고 있을 때 동기가 헐레벌떡 뛰어왔다. 그새 무슨 일이 일어났는지 눈치챈 동기는 배를 잡고 웃었다. “저거 촌놈 판독기여.” 하며 얼른 나가 가방을 들고 왔다. 나는 울음보가 터지기 일보직전의 아이처럼 울상을 짓고 있었다.

오늘도 출구를 잘못 나왔다. 노량진에서 내려 흑석동으로 가는 길이 순조로운 게 오히려 이상했다. 머쓱했지만 이 정도 실수는 아무것도 아니다. 서울은 어느 곳을 둘러봐도 한가로워 보이는 사람이 없다. 붐비고 바쁘다. 표정 없는 사람들 얼굴에는 여유라곤 없다. 이곳에서 촉수를 곤두세우며 사는 사람들이 참 대단하다는 생각을 하며 다시 전철 안으로 몸을 들여놓는다. 어리버리한 내 더듬이로 전에 와 본 기억을 되살린다. 3번 출구만 찾아 올라가면 목적지에 잘 당도할 것이다.

병원 입구에 가니 예의 큰 회전문이 나를 반긴다. 촌티 팍팍 냈던 삼십 년 전 기억이 떠올라 혼자 피식 웃는다. 널찍한 문 안에 들어선다. 문을 밀려고 팔을 쭉 뻗는데 뒤에서 누군가가 옷을 살짝 잡아당긴다. '뭐지?' 하며 돌아보려다가 금방 깨닫는다. 밀지 않아도 저절로 돌아가는 문인 것을. 얼굴이 벌겋게 달아오른다. 오늘도 여지없이 촌놈인 것을 증명해 보였다.

세상은 회전문처럼 끊임없이 돌아가며 바쁘게 진화하는데 어벙한 나는 세상 속도에 발맞추지 못하고 있다. 매사에 촉각을 곤두세워 사는 것이 몹시 피곤하다. 그렇게 살 자신도 없다. 여전히 판독을 당해도 내 속도계는 진화하는 세상을 따라가지 못할 것이 뻔하기에 애써 뛰지 않으련다. 세상과 보조를 맞추려 뛰다간 외려 다칠 수도 있기에 뒤따라가면서 속 편히 사는 쪽으로 마음을 두려 한다.

# 성화聖畵

해질녘 석굴암을 보고 내려오는 길이었다. 노을빛 속으로 풍경 하나가 들어왔다. 장년의 아들이 노모를 바퀴의자에 태워 가고 있었다.

노모는 아들이 밀어주는 의자에 앉아서 저물어 가는 가을을 감상하는 중이었다. 아들은 어머니에게 무슨 말인가를 소곤대고 사탕을 입에 넣어 드리기도 했다. 얼핏얼핏 들리는 말투로 보아 위쪽 지방에서 온 것 같았다. 부드러운 말씨로 어머니를 대하는 모습이 연인을 대하듯 다정스러워 나도 모르게 눈길은 바퀴의자를 따라가고 있었다.

갈바람이 소슬했다. 아들이 가던 길을 잠시 멈추고 어머니의 무릎 담요를 다시금 여몄다. 무릎을 덮고 있는 담요 위로 단풍잎 한 장이 팔랑이며 내려앉았다. 들꽃 몇 송이를 손에 쥐고 있던 노모는 저승꽃이 핀 다른 손에 나뭇잎을 들고 한참 동안 바라보았다. 그 눈빛에 굽이굽이 건너온 한생이 담겨 일렁거렸다. 절정에 올랐다 스러지는 단풍잎은 거무레하게 꽃이 핀 손끝에서 더욱 붉었다.

노모에게 이 여행은 얼마만의 나들이일까. 생신을 맞이한 기념으로 나선 길일까. 어쩌면 효성 지극한 아들이 좋은 계절이 되면 늘 모시고 다니는 여행일지도 몰랐다. 자식이 부모 모시고 나선 여행길이 그렇게 대단한 일은 아니다. 그러나 그 대단하지 않은 일을 실천하며 사는 자식은 흔치 않다. 마음뿐이거나 제 살기에 급급해 예사로 지나쳐 버리기 일쑤다.

자식 낳아 키워 바라지하고 나니 돌덩이처럼 무거운 세월이 어깨를 눌렀다. 좋은 세상을 구경하고 싶어도 몸이 성치 않아 혼자 나설 수도 없다. 자식들 놀러 가는 데 끼이고 싶어도 짐이 될까 속내를 숨긴 채 잘 다녀오라며 손을 흔들었다.

그런 내 어머니를 생각하며 느린 걸음으로 풍경을 따라갔다. 그 모습은 가을 속에 든 한 폭의 성스러운 그림이었다. 붉은 노을 속으로 멀어져 가는 모자의 모습을 오래도록 바라보았다.

# 8시간과 10분

크리스마스 이브에 말레이시아 랑카위에 도착했다. 랑카위는 유명한 휴양지로 풍광이 수려하여 지상의 낙원이라 불리는 곳이다. 산호초에 둘러싸인 초록색의 맑은 바다와 해변의 백사장, 숲으로 우거진 늪지대까지 있다.

도착하여 알게 된 것이라 그러잖아도 들뜬 기분이 배가되었다. 천혜의 아름다움에 눈을 돌리는 족족 한 폭의 그림이 될 것 같아 기대에 부풀었다. 거기다가 세계에서 가장 긴 케이블카를 타는 일정도 있었다.

다음 날, 케이블카를 타기 위해 아침 일찍 길을 나섰다. 도착한 시각이 아홉 시가 채 되지 않았는데 사람들로 북적댔다. 동남아시아 주변국 사람들이 성탄절 휴가를 죄다 이곳으로 온 것 같았다. 모여든 인파를 보며 살짝 긴장이 되었지만 우리도 줄을 섰다. 그 사이에도 사람들은 끊임없이 모여들었다. 한 시간 넘게 기다린 끝에 표를 살 수 있었다.

얼마나 기다려야 할지도 모르는데 굳이 탈 필요가 있을까 하는 것이 솔직한 내 심정이었다. 일행 중 그 누구도 이의를 제기하지 않아 잠자코 있을 뿐이었다. 한편으로는 수많은 사람이 오르려 할 때는 이유가 있을 것 같아 타지 않으면 후회할지도 모른다는 생각도 들었다.

뜨겁게 쏟아지는 십이월의 햇빛이 온몸을 감쌌다. 화끈한 열기에 현기증이 났다. 몸을 타고 흐르는 끈적한 땀과 씨름을 해야 했지만 앉을 자리나 그늘진 곳은 우리에게 돌아오지 않았다. 연중 여름인 이곳의 날씨를 실감하게 했다.

입장 시간을 기다리며 근처의 가게들을 기웃거리다 돌아와 봐도 우리 차례는 부지하세월不知何歲月이었다. 두 시간 넘게 기다린 끝에 들어갈 수 있었다. 입장 시간이 열 시 삼십 분이었는데 정오가 다 되어서 들어간다니 말도 안 되는 일이었다. 들어가면 곧바로 케이블카를 타는 줄 알았던 것은 착각이었다. 어디서부터 시작된 것인지도 모를 줄이 구불렁구불렁 끝 간 데를 몰랐다. 다리가 뻐근했다. 갈증이 나고 허기도 졌다.

우리와 달리 이곳에 모여든 사람들은 전혀 불만이 없어 보였다. 함께 있는 친구 슈하이다도 얼굴 한번 찌푸리지 않았다. 모르는 사람들과도 이야기를 나누고 더디게 움직이는 줄을 돌다가 밖에서 만난 사람들과 다시 만나면 밝은 표정으로 알은체를 했다. 기다림이 생활화된 편안한 모습이었다.

더위와 북새통을 불평 없이 견디고 있는 사람들을 보며 우리나라 사람들이 정말 참을성이 부족한가 싶었다. 여기가 우리나라였다면 이렇게 평화롭지는 않을 것 같았다. 더위마저 즐기듯 보이는 모습이 무척 인상적이었다. 주어진 환경에 순응하는 모습이기도 했다.

드디어 케이블카가 보였다. 케이블카를 타려는데 안내원이

옆에 있는 실내로 들어가라고 했다. 작은 영화관에서 3D 영상을 잠시 보여 주었다. 영문도 모르고 들어가서 보고 나오니 이제는 정말 케이블카 앞이었다. 하지만 빨간색 케이블카는 비어 있어도 태워 주지 않고 다른 줄 사람들을 먼저 태웠다. 그 줄은 입장료가 두 배로 비싼 익스프레스 라인이었다.

드디어 우리도 케이블카를 탔다. 기어이 타고 말았다는 성취감 때문인지 자리에 앉자 가슴이 저릿했다. 케이블카에서 내려다 본 풍경은 아름답기는 했으나 우리나라 남해와 크게 다르지 않았다. 단지 경사가 급하여 정상이 꽤 높은 곳이라는 것을 알 수 있었다. 적어도 삼십 분은 타고 올라가는 줄 알았는데 탄 지 십 분 만에 내렸다. 산들바람이 불어 끈적이던 온몸의 땀을 싹 씻어 주었다.

때를 기다리다 지치고 줄을 서다 뒤늦게 잘못 섰다는 것을 무시로 겪으며 사는 것이 인생이다. 그래서 동동거리다 겨우 올라가 보면 시원한 바람 한줄기 맞으며 아주 잠깐 머물렀다가 다시 내려와야 한다는 것을 여기서도 가르쳐 주었다.

내려가는 줄도 굽이굽이 도는 강줄기 같았다. 바로 내려가는 코스가 있고 산과 산에 연결된 다리를 볼 수 있는 중간코스가 있었다. 이왕 올라왔으니 높은 산에 연결된 다리를 보기로 하고 줄을 섰다.

아무래도 여기서 하루를 다 보내야 할 것 같아 차라리 느긋해지기로 했다. 식당과 휴식공간이 있는 그곳에서 늦은 점심을 먹었다. 컵라면과 핫도그로 끼니를 때웠지만 그것도 달가웠다. 케이블카를 타고 난 뒤에 보트를 빌려 세 개의 섬을 돌기로 되어 있었지만 물거품이 되고 말았다.

우리는 때로 익숙하지 않은 환경에서 스스로를 시험하기 위해 여행을 선택하는지도 모른다. 그것을 즐기려는 마음의 각오도 다지고 떠났지만 몸에 밴 습관이 낯선 것에 자꾸 저항하려 들었다. 속도와 규칙에 익숙해져 살던 습관이 이곳에서는 쓸모가 없었다.

오후 네 시가 훌쩍 넘어 출발지점으로 되돌아왔다. 그 많던 사람들은 사라지고 그 자리에는 남국의 햇살만이 뜨겁게 쏟아지고 있었다. 감상에 젖을 사이도 없이 다음날 아침에 타야 할 배표를 사기 위해 길을 서둘렀다.

무언가를 얻기 위해서는 그것을 위해 들여야 하는 시간이 더 많을 때가 대부분이다. 다행히 정상에 오른 순간이 보석처럼 빛

날 때도 있지만 그렇지 못할 때가 많다. 견딤과 기다림을 거듭하면서 마디게 영글어 가는 것이 인생이 아니겠는가.

기다리기 싫어 처음부터 행로를 변경할 수도 있었고 정상에서 중간코스를 택하지 않고 바로 내려갈 수도 있었다. 매 순간마다 우리는 선택을 해야 하고 원하든 원하지 않든 승복하며 살아간다. 만사 내 뜻대로 되는 것보다 안 될 때가 더 많다는 것을. 천혜의 아름다움을 지닌 지상낙원을 제대로 둘러보지도 못한 채 이곳을 떠났다.

고통스럽게 기다렸던 8시간과 케이블카 안에서 설렜던 10분, 뜨거운 십이월이었다.

# 오래된 약속

추석날 저녁이었다. 시댁에서 차례를 지내고 저녁 늦게 친정으로 왔다. 저녁상을 물리고 나자 엄마가 뒤꼍으로 나를 불러내었다. 한가위 밝은 달빛이 탱자나무 울타리에 하얗게 쏟아지고 있었다. 달빛 속에 서 있는 엄마는 한동안 말이 없었다. 좋은 일이 아닌 것 같아 얼른 묻지도 못하고 있는데 봉투 하나를 내 손에 쥐어 주었다.

며칠 전에 연경이 엄마가 다녀갔다는 것이다. 그 말을 하는 엄마의 목소리는 촉촉하게 젖어들었다. '연경이 엄마?' 하도 오랜만에 듣는 이름이라 처음에는 누군지 몰랐다. 오랫동안 잊고 있었지만 그제서야 기억 속에서 '연경이 엄마'란 호칭이 불쑥 떠올랐다.

십오 년 만에 돈 백만 원을 가져 왔더라는 것이다. 순간, 너무나 놀라 나는 뒤로 나자빠질 뻔했다. 연경이 엄마는 이미 이 세상 사람이 아니었기 때문이다.

엄마는 연경이 엄마와 막역한 사이였으며 엄마의 부자 친구이기도 했다. 그 집 아저씨 아줌마는 검정색 세단을 타고 다녔다. 자동차가 귀해 아무나 가질 수 없던 시절이었다. 당시 연경이 집은 이자를 은행보다 많이 주는 일명 '돈놀이'를 하던 집이었다.

갓 직장생활을 시작한 나는 적금을 부어 당시로서는 거금인 백만 원을 만들었다. 엄마는 그 돈을 연경이 집에 맡기자고 했다. 명색이 딸이 은행원인데 무슨 말씀이냐고 했지만 은행보다 이자를 더 많이 주니 돈을 빨리 불릴 수 있다며 나를 구슬렸다. 친구를 한없이 신뢰하는 엄마는 무조건 그 집에 돈을 맡기고 싶어 했다.

엄마는 아버지에게 생활비를 타서 쓰면서도 뒷주머니를 찼던 모양이다. 꼬깃꼬깃 모은 오십만 원을 연경이 집에 빌려 주고 매달 꼬박꼬박 이자를 받고 있었다. 그다지 내키지는 않았지만 엄마와 친한 친구이고 나도 그 집을 잘 아는 터라 알아서 하시라고 돈을 맡겨 버렸다. 연경이 엄마는 인정스럽고 어진 성품을 가졌기에 미덥기는 나도 마찬가지였다.

연경이 엄마 아빠는 자가용으로 동네를 돌며 날짜 한번 어기는 법 없이 맡긴 돈의 이자를 주고 다녔다. 그런 그들을 의심하는 하는 사람은 없었다. 그렇게 신뢰를 쌓아갔지만 '피리미드식' 사채놀이는 오래가지 못했다. 막판에 들어간 내 돈 백만 원은 이자 한 푼 받지 못한 채 공중분해가 돼 버렸다. 아니, 내 돈뿐만이 아니라 연경이 집을 믿고 큰돈을 맡긴 사람들은 다 떼이고 말았다. 작은 도시 전체를 발칵 뒤집어 놓은 그 일은 대형 금융사고였다.

남에게 싫은 말 한마디 할 줄 모르고 법 없이도 살 수 있는 어수룩한 엄마는 이자 받는 쏠쏠한 재미에 빠져 딸의 돈까지 맡겼다가 돌이킬 수 없는 낭패를 당했다. 큰돈을 떼인 사람들에

비하면 새 발의 피였지만 내게는 거금이었던 그 돈은 한순간에 사라져 버렸다.

목돈을 한 푼도 받지 못하게 되자 엄마는 나보다 더 상심을 하며 드러눕고 말았다. 며칠을 끙끙 앓던 엄마는 몸을 추스르고 나와 함께 연경이 엄마를 찾아가기로 했다.

그날도 달이 몹시 밝았었다. 천변을 끼고 밤길을 걷는 우리 모녀의 마음과 달리 달빛은 금가루를 뿌려 놓은 듯 반짝거렸다. 연경이네 넓은 양옥집은 괴괴한 적막에 싸여 있었다. 안방을 화려하게 장식했던 열두 자 자개 장롱과 화초장은 온데간데없었다. 돈을 떼여 흥분한 사람들이 온 집안을 헤집고 간 흔적만 나뒹굴고 있었다. 머리를 싸매고 초주검이 된 연경이 엄마와 대면하게 되었다. 하루아침에 나락으로 떨어진 사람의 모습은 마주 보기가 민망할 지경이었다.

연경이 엄마는 내 손을 잡고 미안하다며 한없이 눈물을 흘렸다. 엄마와 나도 함께 울었다. "무슨 일이 있어도 네 돈은 꼭 갚아 주마." 여윈 손으로 차용증을 써 주었다. 모녀는 말 한마디 제대로 하지 못한 채, 종이 한 장 달랑 손에 쥐고 그 집을 나왔다. 차용증은 서로에게 최선의 위안일 뿐, 그것은 부질없는 약속이었다.

엄마는 당신 돈 오십만 원은 크게 아까울 것도 없지만 딸 돈 백만 원이 너무나 아까워 생각할수록 어리석은 짓을 했다며 가슴을 쳤다. 그러면서도 연경이 엄마를 크게 원망하지는 않았다. 네 돈은 갚아 준다고 했으니 언젠가 받을 수 있을 것이라며 나를 위로했다. 그런 엄마를 보면서 '우리 엄마 참 순진하시지' 하며 씁쓸하게 웃었다. 헛된 기대는 빨리 버리는 게 상책이었다. 떼인 돈은 값비싼 인생수업료였다고 생각하기로 했다.

그러구러 세월은 흘러갔고 그 일은 많은 사람들에게 생채기를 남기고 잊혀져 갔다. 바람결에 간혹 연경이 집 소식이 들렸다. 아줌마는 그 후 병원 신세를 지다 결국 돌아가셨다고 했다. 불행 중 다행으로 연경이 오빠가 의대를 졸업하고 의사가 되었다는 소식을 풍문으로 들었다. 그런데 돈이 돌아왔다니 이 무슨 해괴한 일이란 말인가.

추석이 되기 며칠 전, 연경이 오빠가 엄마를 찾아와 너무 늦어 죄송하다며 돈을 내밀었단다. 연경이 엄마는 병상에 있으면서도 '사진관 집' — 연경이 엄마는 우리 엄마를 그렇게 불렀다.— 돈은 꼭 갚아야 한다며 아들에게 신신당부를 했다는 것이다. 아들은 알았다고 대답은 했지만 유언 같은 어머니 말을 까마득히 잊고 지냈다고 했다. 부모가 진 빚을 꼽닥스레 갚아 주는 자식이 몇이나 되겠는가. 그런데 망자가 꿈에까지 나타나 '사진관 집 돈은 꼭 갚아 주어라.'고 했다니 믿기 어려운 일이 일어난 것이다.

생애 첫 목돈은 그렇게 기구한 사연을 담고 내게 다시 돌아왔다. 무어라 형언할 수 없는 먹먹한 기분이 되었다. 눈곱만 한 기대도 품지 않았던 돈이 돌아왔다. 풍비박산이 난 연경이 집을 찾아갔던 그날 밤처럼 엄마와 나는 마음이 착잡했다.

철석같이 약속을 하고도 지켜지지 않는 것들이 많은 세상이다. 연경이 엄마는 이 세상을 떠나서도 아들로 현신해 친구 딸인 나에게 약속을 지켰다. 지금에 와서 그 돈의 가치를 따질 수는 없을 것이다. 망자가 되어서도 돈을 갚고 싶었던 그분의 마음을 헤아리며 옷깃을 여민다.

# 돈방석

식당에 밥을 먹으러 갔다가 돈방석에 앉게 되었다. 방석에 만 원짜리 지폐가 가득 그려져 있었다. 같이 간 친구들이 자리에 앉으며 진짜 돈을 깔고 앉은 것처럼 좋아했다.

나는 실제로 돈방석에 앉아 살았던 적이 있다. 옛일이긴 하나 한때는 매일 큰돈을 만지며 돈에 파묻혀 살았다. 은행의 은행인

한국은행에 다녔기에 가능한 일이었다.

한국은행에는 우리나라에서 통용되는 모든 돈과 새로 찍어내는 돈을 담당하는 발권출납부서가 있다. 시중에 돈이 너무 많으면 거둬들이고 부족하면 다시 내보내는 일도 한다.

그런 곳에서 하루 종일 지내며 나가고 들어오는 돈을 엄청나게 보았다. 일찍부터 돈 구경은 지겹도록 한 셈이다. 하지만 직원들은 그것을 돈으로 보아서는 안 된다는 교육을 시도 때도 없이 받았다. 다니는 회사의 생산제품 정도로 인식해야 했다.

돈은 조폐공사에서 만들어지지만 한국은행 총재의 인장이 찍혀야 비로소 가치가 생긴다. 그렇게 만들어진 깔깔한 새 돈이 사람들의 손에서 돌고 돌다가 다시 돌아오게 되는데 재사용이 가능한지 수명을 다했는지 분류하고 판단하는 것도 한국은행의 일이다.

입행을 하고 수습기간 동안 그 일을 했다. 돈이 얼마나 더러운지 그때 알게 되었다. 농협에서 들어온 돈은 거름 냄새가 났고, 수협에서 들어온 돈에서는 비린내가 진동했다. 찢겨서 귀퉁이가 날아간 것도 있고 화상을 입은 것도, 오물이 얼룩덜룩 묻은 것도 있었다. 풍진 세상을 떠돌다 돌아온 돈은 마스크를 껴야 할 만큼

역겨운 냄새와 먼지를 뒤집어쓰고 있었다.

은행에는 겉에 아무런 표시가 없는 집채만 한 트럭이 있었다. 그것의 정체는 '돈차'였다. 현금수송 차량은 돈을 다른 곳으로 보내기도 하고 우리 본부로 가져오기도 하는 매우 중요한 역할을 했다. 이를테면 돈으로서 수명이 다한 손상권은 돈에 구멍을 낸 뒤, 지정된 타 본부로 가져갔으며 관봉권이라 불렀던 새 돈을 조폐공사에서 받아오기도 했다. 새 돈이 들어오는 날이면 담당 대리나 과장, 본부장까지 긴장을 했다. 청원경찰이 삼엄하게 경비를 서고 직원들은 만일의 사태를 대비해 손전등을 들고 군데군데 서서 돈이 무사히 금고에 들어갈 수 있도록 도왔다.

마대에 담긴 돈은 만 원짜리 기준으로 삼억이었다. 한 마대씩 준다고 해도 짊어질 수가 없었다. 금고에는 그런 자루가 만석꾼 고방의 쌀자루보다 많았다. 랜턴을 들고 있던 직원들이 쌓아 둔 돈자루에 잠깐씩 엉덩이를 걸치고는 돈방석에 앉았다며 까불거렸다.

돈을 지척에 쌓아두고 근무했던 그 시절은 정신적 포만감이 있었던 것일까. 남들에 비해 월등히 많은 월급을 받은 것도 아닌데 규모 있게 쓰거나 모으기보다 하고 싶은 것을 망설임 없이 하며 살았던 것 같다. 지갑 안에는 언제나 빳빳한 새 돈만 들어 있었으며 조금이라도 구겨지거나 흠집이 있는 것은 돈의 가치를 상실한 것인 양 화폐교환 창구에서 바로바로 바꿨다. 평생 빠닥빠닥한 돈만 만지고 살 것이라 여겼다.

그 직장을 이십 년 다녔고 그만둔 지 이십 년이 다 되었다. 지갑에는 카드 몇 개와 비상용 현금이 들어 있다. 대부분 구겨진 돈이 들어 있지만 개의치 않는다. 하자 있는 이런 돈이라도 많으면 좋겠지만 산더미처럼 쌓여 있던 은행의 돈이 내 것이 아니었듯이, 내 몫이 아닌 것에 마음을 쏟다간 돌이킬 수 없는 낭패를 당할 수 있기에 주어진 대로 살려고 노력할 따름이다.

시대가 바뀌어 옛 직장의 업무도 많이 달라졌다는 이야기를 들었다. 입행동기 몇은 정년을 앞두고 아직까지 근무 중이다. 삶의 고비를 맞을 때마다 나도 끝까지 갈 걸 그랬나 싶을 때가 있다. 오스카 와일드가 술회한 "나는 어렸을 적에 돈이 삶에서 가장 중요하다고 생각했다. 그 생각이 옳았다는 것을 이제 늙어서 알게 되었다."라는 솔직한 고백에 대해 생각하게 된다.

돈방석에서 물러난 때부터 지금까지 나 나름대로 다양한 경험을 하며 살았다. 손상된 지폐처럼 때로는 삶이 구겨질 수도 있다는 것, 닳지 않은 새 돈처럼 언제나 반듯하게만 살 수 없는 것이 세상살이라는 것을. 돈으로 할 수 있는 것이 많지만 돈으로 살 수 없는 것도 있지 않던가. 구겨진 것을 펴고 찢어지려는 것을 봉합하며 사는 것 역시 삶이라는 것을 깨달으며 살고 있다.

돈을 싫어하는 사람은 없다. 대부분 많이 갖기를 원하지만 원하는 만큼 가질 수 없는 것이 돈이기도 하다. 돈이 그려진 식당의 방석은 그런 사람의 마음을 잘 반영한 것일지도 모른다. 나는 자리에 선뜻 앉지 못하고 돈방석을 바라보았다. 쓰임에 따라 달라지는 돈의 가치를 생각하면서.

2부

# 보람줄

내 앞에 놓인 시간을 어떻게 재단하며 살아갈지 고민하게 된다. 물리적 시간은 정해져 있으나 심리적 시간은 그러하지 않기에 씨앗 같은 희망으로 꽃을 피워 보고 싶다. 기다리면 늦어지고 너무 깊으면 어긋날 수 있기에 무엇이든 미루지 않으려 한다. 제법 긴 시간 '지금'이란 곳에 머물러 있는 보람줄을 들어올리고 '내일'이라는 책장을 넘긴다.

# 별다방
# 콩다방

공원 앞에서 성업 중이던 짜장면 집이 어느 날 없어졌다. 내부를 뜯어내고 공사를 하더니 카페가 문을 열었다. '둘이 혹은 여럿의 공간'이라는 영어 간판이 걸렸다. 한끼를 해결하던 곳이 찻집으로 바뀌었다.

몇 년 전부터 도로변 상가에 자리만 비면 커피 가게가 우후준

순으로 생겨났다. 찻집도 유행이 있어 한동안 비슷한 분위기의 카페가 자리를 잡아간다고 생각할 무렵이면 어김없이 새로운 형태의 찻집이 생겨나 사람들의 발길을 돌리게 했다. 앞서 생겨났던 것들을 밀어내고 그 자리를 차지했다. 세상의 모든 것이 시간의 흐름 속에서 변하고 새로운 것들로 채워지곤 하지만, 그 주기가 점점 빨라져서 언제 생겼는지도 모르게 사라지는 것들이 부지기수였다.

창밖으로 공원을 바라볼 수 있는 카페는 짜장면 집이 있을 때보다 훨씬 고급한 느낌을 주었다. 밖에서도 안이 훤히 들여다보이는 카페는 지나칠 때마다 차를 마시는 사람들로 가득했다. 장사가 잘되던 짜장면 가게에 많은 권리금을 주었다는 것을 바람결에 들어서 절친한 친구의 일이라도 되는 것처럼 안심이 되었다.

공원 앞에 생긴 카페는 몇 달이 지나도 '둘이 혹은 여럿이 모여 앉아' 있어서, 오지랖 넓은 사람들의 권리금 걱정은 기우로 끝나는 듯했다. 목이 워낙 좋은 곳이긴 했다. 그런데 건너편에 '콩다방' 카페가 문을 열었다. 공원을 드나드는 사람들은 이 카페도 가고 저 커피숍에도 가며 자리를 채웠기에 사이좋게 공존하는 것처럼 보였다.

얼마 전에 카페 바로 옆에 있는 냉면집에 갔다가 식당이 없어진 것을 알게 되었다. 그 자리에 세 번째 커피집이 생겨났다. 먼저 생긴 두 카페보다 멋진 실내장식으로 '우리 안의 천사'라는 간판을 내걸고 문을 연 것이다.

이제 커피는 사람들에게 일상의 단순한 기호품을 넘어선 느낌을 준다. 우리 생활에 너무나 깊숙이 자리 잡고 있기 때문이다. 사람들은 한동안 설탕과 프림이 함께 들어가는 커피를 마셨다. 그러다가 세 가지를 절묘한 비율로 섞은 믹스커피를 즐겼다. 뜨거운 물만 있으면 야외에서도 손쉽게 마실 수 있는 일회용 믹스커피는 지금도 사랑을 받고 있지만, 이제는 원두커피에게 서서히 자리를 빼앗기고 있는 추세다.

사람들은 프림이 든 커피를 마시면 몸속에 지방이 쌓여 지구를 몇 바퀴나 돌아도 뱃살이 빠지지 않는다며 밀어냈다. 어느 순간부터 나 역시 단맛도 고소한 맛도 제거된 쓴 커피를 마시고 있다. 유명 상표의 로고가 찍힌 운동화가 등장하면서부터 바지 길이가 짧아진 것처럼 커피 체인점들이 문을 열기 시작하면서 사람들이 원두커피를 마시기 시작한 것 같다. 공급이 수요를 만들어낸 것이다. 어쨌건 예쁘고 세련된 분위기의 카페는 도시의 한 풍경을 이루며 계속 생겨났다.

요즘 주부들은 집에서 모여 차를 마시지 않는다. 집 근처 카페에서 만난다. 그곳에서 자녀 교육에 도움이 되는 정보를 교환하고 세상 돌아가는 이야기를 나눈다. 커피 한 잔 값이 밥값과 맞먹는 수준이지만 개의치 않는다. 대학생들은 노트북을 테이블에 올려놓고 과제를 한다. 사람들이 식당에서 밥을 먹고 난 뒤, 그곳에서 제공하는 믹스커피를 이젠 잘 마시지 않는다. 자리를 옮겨 커피 전문점에서 마시는 게 자연스러워졌다.

카페가 다양한 기능으로 사람들의 생활을 변화시키고는 있지만 우리가 미처 인지하지 못하는 어떤 '보이지 않는 손'에 의해 좌지우지되는 것은 아닌가 하는 생각을 지울 수 없다. 어쩌면 우리는 많은 것들을 자신의 의지와 상관없이 시대의 흐름이라는 미명하에 거부감 없이 받아들이고 있는 것은 아닐까. 무턱대고 새로운 것을 좇아가고 있는 것은 아닐까. 두고두고 함께해도 좋을 것들이 변화라는 거대한 물살에 맥없이 밀려나 사라지고 있는 것은 아닐까.

한때 자그마한 커피집을 해보고 싶어 알아본 적이 있었다. 장소를 물색하고 업계 사장님을 만나 면담도 했다. '예쁜 찻집' 하나 가져보겠다는 다소 낭만적인 생각으로 사업을 시작한다는 것은 위험천만한 일이라고 했다. 마음만 가지고 섣불리 일을 시작할 수 없다는 것과 겉으로 보는 것보다 몇 배로 마음을 쏟고 힘을 기울여야 한다는 것을 알게 되었다. 요즘은 브랜드를 끼지 않고는 살아남기 쉽지 않다고도 했다. 그렇게 하려면 투자금이 만만치 않아 내 깜냥으로 감당하기엔 벅찬 일이어서 미련 없이 마음을 접었다.

마음을 접었다고는 하나, 카페가 새로 생길 때마다 내 일처럼 마음이 쓰이는 것은 어쩔 수 없다. 혹 나와 같은 마음으로 시작한 것은 아닐까 싶은 괜한 걱정까지 하면서 말이다. 프랜차이즈로 시작한 가게 열 군데 중에 겨우 한두 곳 정도가 살아남는다는 말을 듣고 난 뒤 더 그런 생각이 들었다.

공원 앞에는 브랜드를 내건 카페 세 곳이 자리를 잡았다. 그 틈새 지하에 옛날식 음악다방이 민들레처럼 지상으로 간판을 내밀었다. 카페들 사이에 생겨난 음악다방은 현대식 마트 사이에 낀 한물간 점방 같았지만 푸릇푸릇 싱그럽던 내 젊은 날의 추억이 떠올라 오히려 정겹기까지 했다. 다방 안에는 쉰을 바라보는 주인이 중학교 때부터 모았다는 이만여 장의 LP판이 벽을 장식하고 있었다. 등받이가 높고 푹신해서 삶에 지친 등을 기대기에 충분한 의자가 눈길을 끌었고, 탁자 위에는 메모지와 연필을 준비해 두어 듣고 싶은 음악을 신청할 수 있게 해놓았다.

향수를 자아내게 하는 이 음악다방이 프랜차이즈 카페들과 묘한 대조를 이루며 자리를 잡아가고 있다. 시대의 조류를 거스르는 이 다방은 사업적으로 보면 수지를 맞추기는 쉽지 않을 성싶다. 부디 주인의 로망이 담긴 이곳이 사람들과 오래도록 함께할 수 있기를 염원해 본다. 그런데 공원 앞에 생긴 세 군데의 카페와 옛날식 음악다방이 부족했던가 보다. 이미 있는 커피집보다 더 크고 넓은 '별다방' 카페가 빛을 번쩍이며 입성한다는 소문이 들려온다.

# 슬픈 그림

소파에 몸을 부린 어머님은 기척이 없었다. 거실을 가득 채웠던 햇귀가 반이나 물러난 자리에 적막이 흘렀다. 낡은 소파에 헐거워진 육신을 맡긴 모습이 빛바랜 정물화 같았다. 어머님은 언제나 거실의 소파에 누워 계셨다. 그 모습이 어느 순간부터는 눈을 감아도 떠오르는 그림이 되었다.

달포 전에 어머님이 오셨다. 아들의 부축을 받고 현관을 들어서시던 모습이 마른 수세미처럼 성기고 뻐세어 연방 쓰러질 듯 위태로워 보였다. 당뇨와 혈압, 신경통까지 안고 사신 지 여러 해째였다. 부쩍 수척해진 모습에 마음이 복잡해졌다. 머리와 가슴이 딴소리를 내고 있었다.

남편은 아들 집에 어머니 오시는 게 뭐가 이상하냐고 아무렇지도 않게 말했다. 틀린 말은 아니었다. 평소에 하던 대로 볼일을 다 봐도 된다며 큰소리를 쳤다. 은근히 바쁜 내 일상에 별 지장을 주지 않을 것이라는 뜻이었다. 남자와 여자 생각이 다른 건지, 우리 집 남자만 이러는 것인지 도대체 알 수가 없었다.

우리 집 시곗바늘은 어머님께 맞춰져 돌아가기 시작했다. 마지막 학기에 취업 준비 중인 작은딸은 할머니를 씻겨 드리고, 바퀴의자에 태워 병원에 모시고 가는 일은 남편이 했다. 세끼 식사와 틈틈이 약을 챙겨 드리는 일은 내 담당이었다.

열흘쯤 지나자 어머님의 몸은 회복되어 갔지만 갑갑한 하루하루를 보내셔야 했다. 예전에는 앞집에 연세가 비슷한 노부부가 계셔서 말동무라도 되었는데 그나마 할아버지가 돌아가신 후에는 할머니마저 아들이 모시고 간 터였다. 그렇다고 일면식도 없는 경로당에 갈 수도 없었다.

바쁜 딸아이가 할머니를 제대로 돌보지 못하자, 그 일도 내 몫이 되었다. 일주일에 두 번, 욕조에 물을 받아 목욕시키는 일도 예삿일이 아니었다. 어머님은 욕조 안에서도 정물이 되었다. 고개를 숙인 채 군데군데 검버섯이 핀 몸을 애오라지 며느리에게 맡기고 있는 모습은 당신의 연대年代를 고스란히 말해 주고 있었다. 어머님의 몸에 핀 검버섯은 홀로 다섯 남매를 품고 키워낸 숭고한 삶의 훈장이었다. 진액이 빠져나가 껍데기만 남은 생 앞에서 그만 먹먹해졌다.

깔끔하고 부지런하기가 둘째가라면 서러울 만큼 재발랐던 분이 세월 앞에 꼼짝없이 무너져 내리고 있었다. 풍상에 삭아가는 돌담 귀퉁이였다. 무기력한 몸에 비해 정신은 그나마 온전하셨지만 어떤 날은 그마저도 의심스럽게 했다. 그럴 때마다 가슴이 철렁 내려앉았다. 어머님이 차지한 거실은 텔레비전 소리가 나지 않으면 쥐 죽은 듯 고요했다. 어떤 날은 그 고요함에 놀라 물 묻은 손을 닦지도 못하고 허둥대다 마른 기침소리에 가슴을 쓸어내리곤 했다.

어머님의 여윈 몸을 담고 있는 소파가 고된 삶을 무겁게 지고 온 연륜을 이기지 못하는지 더 낡아 보였다. 딸아이가 앉아 있을 때와는 다른 색깔로 다가왔다. 텔레비전에서 나는 소리조차도 어머님의 청력을 생각해서 느릿하게 나오는 것 같았다. 사람의 기운은 주변까지도 강하게 전염시키는 것일까. 어머님을 중심으로 하는 배경들은 색깔과 움직임이 모두 어머님을 닮아갔다.

시곗바늘이 천천히 돌아가는 거실 풍경과는 반대로 주방에서는 쉴 새 없이 움직여야 하루를 마감할 수 있었다. 어머님이 오시고 스무날쯤 지나자 코에서 단내가 났다. 멀쩡해 보이지만 별로 멀쩡하지 않은 나에게도 생은 주어진 역할에 깔축없이 최선을 다할 것을 요구했다. 나 또한 흐린 날이면 물먹은 솜처럼 몸이 무거워 드러눕고 싶을 때가 많아지고 이순의 고갯마루가 저만치서 손짓을 하지만, 노쇠한 어머님 앞에서는 아직도 새댁일 뿐이었다.

청상의 세월, 모진 생의 한가운데를 허위허위 건너온 당신의 삶이 이렇게 스러져가는 것일까. 우탁의 「탄로가」에 "늙는 길 가시로 치고 오는 백발 막대로 막으려 해도 백발이 저 먼저 알고 지름길로 오더라."고 했다. 제아무리 막으려 해도 막을 수 없는 것이 늙음이었다.

여름 끝자락에 오셨던 어머님은 가을이 깊어갈 즈음에 시골집으로 가셨다. 오실 때는 잘 걷지도 못하셨으나 지팡이에 의지해 동네 병원에도 혼자 가실 만큼 회복이 되었다. 하지만 한 치 앞을 모르는 것이 노인의 일이어서, 여기 계실 때와 마찬가지로 마음이 쓰이는 것은 어쩔 수 없었다. 그나마 아들 집에 언제든 오실 수 있지만 상태가 악화되면 모실 자신이 없었다. 어머님을 일으키고 나니 피로가 누적된 시간을 견디지 못해 내가 눕고 말았다. 한동안 된통 앓았다.

이불 빨래를 걷어들이다가 비어 있는 소파를 바라본다. 빛바랜 정물처럼 계시던 모습이 눈에 밟히고 하루하루 사는 게 고통이라고 하시던 말씀이 귀에 쟁쟁하다. 흐르는 시간 앞에 누군들 자유로울까. 내게도 다가올 시간, 그때 나는 어떤 자리에서 무슨 생각을 하며 살아갈까. 정신줄이라도 잘 붙들고 살 수 있으면 좋으련만. 어머님이 누워계시던 소파에 등을 기댄다. 노곤하다.

'소파에 기대앉은 어머님이 기척이 없다. 어무이……. 조용히 불러 보지만 대답이 없다. 다가가 어깨를 살짝 붙잡았는데 고개가 푹 꺾인다. 저녁노을이 이우는가 싶더니 어둠이 삽시간에 밀려든다. 정지된 화면에 무언가를 해야겠는데 몸은 도무지 말을 듣지 않고 소리는 치는데 입 밖으로 나가지를 않는다.'

초저녁 꿈이 얄궂다. 벌떡 일어나 수화기를 든다.

# 마음 닦기

"오늘은 난간 유리를 좀 닦아 주세요."

복지사 선생의 차랑차랑한 목소리가 밝은 미소와 함께 귓전에 와 닿는다. 청소함에서 마른 걸레를 꺼내 들고 난간에 앉는다. 유리창은 사람들의 손자국과 날아다니는 먼지로 인해 얼룩덜룩하다. 티끌도 묻어 있다. 유리를 통해 보이는 너머에도 얼룩이

져 보인다. 유리는 안에서도 밖이 훤히 보이고 밖에서도 안이 죄다 보인다. 사람의 마음도 유리창처럼 다 보인다면 어떤 기분일까. 생각만으로도 얼굴이 화끈거린다.

동문들과 함께 한 달에 한 번 장애인복지관에서 봉사를 한 지 여러 해가 되었다. 우리가 하는 일은 주로 청소작업이다. 특별한 일을 하는 것은 아니나 처음에는 의무감이 앞섰다. 그러다 보니 어떤 날은 가기 싫기도 했다. 핑계를 대어 빠질 때도 있었다. 시간이 흐르자 약간의 구속과 의무감은 좋아하는 일로 바뀌어 이제는 당연한 일이 되었다.

나이테가 켜를 쌓아갈수록 할 수 있는 일보다 할 수 없는 일이 더 많다. 그래서 뭔가 더 하고 싶어진다. 나이 들어서 할 수 있는 것 중에 봉사만큼 좋은 일이 없다고 한다. 시력에 문제가 있어 조금은 불편하지만 보람을 저금하는 마음으로 봉사활동에 참가하고 있다.

집을 나설 때 바람이 몹시 차가웠지만 난간에 앉아 유리를 닦는 동안 몸이 훈훈해지고 이마에 땀이 맺힌다. 누군가에게 겹겹이 벽을 쳐 놓았던 마음을 한 겹씩 벗겨내어 오해나 편견으로 얼룩진 자리를 닦아낸다.

좋은 사이에도 간혹 오해가 끼어들었다. 상대를 잘 알지 못하면서 편견을 가지기도 했다. 그럴 때마다 마음이 불편했다. 사람과의 관계가 한결같기만 하다면 문제될 게 없겠다. 하지만 유리에 먼지가 앉듯 마음에도 수시로 얼룩이 졌다. 유리를 닦으며 내 마음도 닦는다.

이층과 삼층 난간 유리와 아래윗층 출입문까지 다 닦았다. 투명한 유리 앞에 서서 마음을 비춰본다. 지금만큼은 내 마음도 티끌 하나 묻지 않은 유리알 같다. 동문들 얼굴에도 말간 미소가 번진다. 아마 그들도 나와 같은 마음일 게다. 한 달 중에 하루, 온종일도 아닌 찰나와 같은 시간이지만 여럿이 몸을 움직여 말끔해진 주변을 보면 큰 시간을 보탠 것처럼 뿌듯해진다.

"오늘 정말 수고 많으셨어요. 감사합니다!"

복지사 선생의 맑은 목소리가 반짝반짝 닦아놓은 유리난간에 부딪치며 또르르 굴러와 내 마음에 담긴다. 얼룩이 지워진 유리창 너머 겨울 햇살이 눈부시다.

# 보람줄

독서확대기 렌즈에 불이 들어오자 모니터에 글자가 나타난다. 리모컨으로 글자 크기를 조절하니 깨알 같던 활자가 콩알만 해진다. 황소 눈알만 하게 할 수도 있다. 스탠드 모양의 확대기는 이제부터 또 다른 나의 눈이 될 것이다.

시력이 날로 약해질 거라는 의사의 진단을 받은 지 몇 해가

지났다. 그 말을 증명이라도 하듯이 증세는 시나브로 찾아왔다. 세상을 보는 일이 예전 같지 않아 여러모로 힘들지만 제일 답답한 일은 활자를 제대로 볼 수 없는 것이었다. 그것은 어둠으로 향하는 깊은 계단을 한 칸씩 내려서는 것처럼 간담을 저리게 하는 일이었으나 받아들일 수밖에 없었다.

일상이 삐걱대기 시작했다. 신문이나 공과금 통지서, 물건의 사용설명서같이 챙겨 보아야 하는 것이나 고정적으로 배달되는 간행물과 지인들이 보내는 서적들은 받고도 쌓아두는 일이 다반사가 되었다. 앞앞이 말은 못하고 책 주인들에게 죄를 짓는 기분마저 들었다. 꼭 필요한 자료도 그림의 떡이었다.

책 속의 길은 초입부터 안개 속이었다. 선뜻 발을 들여놓기가 힘들었다. 다초점 안경을 끼고도 모자라 돋보기를 덧대어 보았지만 한 쪽쯤 읽고 나면 두통이 먼저 찾아왔다. 소리도서관에서 책을 듣기도 했으나 집중이 쉽지 않아 되감아 몇 번씩 다시 들어야 했다.

머릿속의 곳간은 휑하니 비어 가는데 다시 채우는 길은 아득하고 멀게만 느껴졌다. 빈곳을 채우기 위해서는 책이건 텔레비전이건 스마트폰이건 도움을 받아야 했지만 보지 않고 할 수 있는 것은 별로 없었다. 그 즈음에 독서확대기가 있다는 것을 알게 되었다.

독서확대기는 약시자를 위해 만들어진 특수기기다. 나와 같은 사람에게는 꼭 필요한 것인데도 손에 넣기가 쉽지 않았다. 기기를 먼저 받은 환우에게 정보를 얻고 까다로운 서류를 갖추었다. 집으로 방문한 시청 직원과 면담도 했다. 이번에는 내 절실함이 제대로 인정이 된 모양이었다. 삼수 끝에 선정이 되었다. 책에 밑줄을 긋고 책갈피에 보람줄을 끼우던 시절로 되돌아갈 수 있을 것 같아 푼푼한 마음이 되었다.

내 인생의 보람줄은 시력이 약화된 즈음에 머물러 있다. 독서확대기 덕에 그 시간으로 시곗바늘을 되돌려 다시 태엽을 감으려 한다. 다만 바쁘다고 갈 길을 재촉하지는 않으련다. 온 길을 되짚는 것도 아무나 하는 일은 아니기 때문이다. 늦은 만큼 곱씹을 수 있는 시간이 주어졌으니 한 걸음 한 걸음에 정성을 다하고 싶다.

기계에 의존해서 책을 보는 것이 눈으로 보던 때와 비교할 수는 없지만 그래도 감사한 일이다. 하지만 눈의 건강을 위해서는 될 수 있는 한 컴퓨터 작업이나 독서확대기로 책을 보는 일

또한 하지 말아야 한다. 이것은 개발이냐 보존이냐의 문제가 첨예하게 대립하는 것처럼, 눈을 닫고 아무것도 보지 않고 살 것인지, 소망하는 바를 이루기 위해 나아갈지를 두고 고민에 빠지는 일과 크게 다르지 않다.

운명은 짓궂게도 내게서 가장 절실한 것을 남들보다 빨리 빼앗아가려는 것 같다. 그렇다고 그것에 휘둘려 쉽게 무릎을 꿇고 싶지는 않다. 그동안 걸어왔던 길에 보람줄을 끼워둔 채, 책장을 덮어버리기에는 읽어야 할 인생길이 너무 멀다. 눈을 아끼는 만큼 증세는 더디게 진행되겠지만 목표 지점에 무게를 두려고 한다. 보람줄과 함께했던 시간이 내게 얼마나 의미 있는 일이었던가를 돌아보게 하는 날이 올 것이라 믿는다.

세상 속에서 잘 부대끼며 살아가려면 많은 경험과 지혜가 필요하다. 다양한 일을 다 겪으며 살 수 없기에 사람들은 책의 힘을 빌린다. 세상을 서투르게 살아가는 나도 책 안에 답이 있을 것 같아 늘 곁에 두고 살아왔다. 꽤 오랜 시간을 좀 더 나은 세계로 나아가고 싶은 욕망에 시달려왔지만 눈이라는 복병 때문에 어정쩡한 지점에서 이러지도 저러지도 못하는 신세가 되었다.

생의 결미를 향해 가고 있는 시점에서 걸어온 길을 다시 읽어본다. 보람줄을 끼웠던 갈피마다 나름대로 치열하게 걸어왔던 흔적들이 보인다. 그것이 내 인생 밭을 일구는 데 밑불이 되고 어설프나마 책 향기 속에서 이만큼이라도 성장을 하지 않았을까 싶다.

책상 위, 모니터를 밝히는 확대기의 불빛이 환하다. 주어진 운명을 거스를 수는 없겠지만 어떤 쪽을 향하는가에 따라 모양과 빛깔이 달라질 수 있지 않겠는가. 내 앞에 놓인 시간을 어떻게 재단하며 살아갈지 고민하게 된다. 물리적 시간은 정해져 있으나 심리적 시간은 그러하지 않기에 씨앗 같은 희망으로 꽃을 피워 보고 싶다. 기다리면 늦어지고 너무 깊으면 어긋날 수 있기에 무엇이든 미루지 않으려 한다.

제법 긴 시간 '지금'이란 곳에 머물러 있는 보람줄을 들어올리고 '내일'이라는 책장을 넘긴다.

# 음덕에 기대어

오늘은 아버님의 제삿날이다. 꾸덕하게 마른 생선을 꺼낸다. 제사상이나 차례상에는 생선을 올리기 마련인데, 우리 집에서는 조기, 민어, 돔을 빠뜨리지 않는다. 조상님이 좋아하시고 밀어주시고 도와주신다는 믿음에서다.

명절이나 제삿날이 다가오면 왜 이렇게 신경이 쓰이고 편치 않은지 모르겠다. 매번 해 오던 일인데도 해를 거듭하는 것과는 상관없이 부담은 줄어들지 않는다. 돌덩이 같은 부담감의 근저에는 이 일을 물려받을 사람이 내게 없다는 일종의 자격지심이 깔려 있기 때문일 것이다.

집안의 맏며느리인 나는 딸만 둘이다. 둘째까지 딸을 낳고 나니 여기저기서 한숨 소리가 들렸다. 산모인 나는 정작 아무렇지도 않았다. 적어도 출산한 그날은 그랬다. "공주 둘이면 어때. 괜찮아, 괜찮아!"라며 남편은 거듭 강조하며 목소리를 띄웠다. 그러던 남편이 한밤중에 전화를 걸어 "오늘 만우절이라고 나에게 거짓말하는 거지?" 하고 은근히 물어오는 말을 듣고 그의 속마음을 알게 되었다.

둘째를 낳은 다음날부터 아들을 낳지 못한 것이 전부 내 탓인 것만 같아 누운 자리가 자갈밭처럼 편치 않았다. 대놓고 말씀은 하지 않으셨지만 큰며느리가 또 딸을 낳았다고 어머님이 머리를 싸매고 누웠다는 소식까지 날아들었으니 심신을 편안케 하는 산후조리는 물 건너간 셈이었다. 둘째가 걸음마를 시작할 무렵부터 셋째를 낳아야 하나 말아야 하나로 고민을 했다. 직장을 다니고 있던 터라 아이들을 남의 손에 키워야 했기에 하나를 더 낳는 일이 쉽지 않았다. 그러나 무엇보다 아들을 낳을 자신이 없었다. 이런 모든 고민은 제사를 모시는 일과 무관하지 않았다.

결국 아들을 낳지 못한 나는 이십오 년 동안 이런저런 곡절을 겪으면서 꿋꿋하게 딸 둘을 키웠다. 아들은 꼭 있어야 한다던 생각이 바뀌어 요즈음은 딸이 더 좋다고 하는 세상이 되었다.

언젠가부터 명절이 되면 공항은 여행객들로 붐빈다. 북새통을 이룬 공항 로비의 풍경을 보고 있으면 우리 집만 고리타분하게 차례를 지내고 있나 싶을 정도다. 오랫동안 이어온 뿌리 깊은 유교사상이 서서히 퇴색되어 가는 것은 아닐까 싶다. 세월 앞에 변하지 않는 것이 무엇이던가. 환경이 바뀌고 생활이 바뀌고 규범이나 제도마저 바뀌어 간다. 하지만 이어져 내려오는 관습이나 집안 법도를 단칼에 끊어 버린다는 것이 누구에게나 쉬운 일은 아니다.

혼기에 이른 딸들은 출가하면 우리 가풍과는 크게 상관이 없어진다. 내가 몸이 성할 때까지는 제사를 모실 수 있겠지만 어느 시기가 되면 작은집 조카에게 이 제사를 물려주어야 할지도 모른다. 지금 흘러가는 분위기를 보면 얼마나 대를 이어갈지 의문이다. 있는 제사도 합치고 없애는 마당에 고려시대처럼 딸이 제사를 모시던 때가 다시 올 리는 없을 것이다.

십 년도 더 전에 『나는 제사가 싫다』라는 도발적인 제목의 책이 나온 적이 있었다. 유생들은 도포 자락을 휘날리며 가당키나 한 말이냐며 노발대발했지만 한 방울의 물이 모여 둑을 트듯 변화가 밀려들고 있는데 막을 수 있을까.

명절이나 제사가 목전에 닥치면 집안의 여인들은, 특히 맏며느리나 맏이 역할을 하는 며느리는 시작도 하기 전에 명절증후군에 시달린다. 도대체 누구를 위한 명절이며 제사인가 싶은 생각에 빠지기도 한다. 명절 하루를 보내기 위해 드는 비용과 심리적 부담 역시 가볍지 않다.

몇 해 전, 집안에 태풍이 지나간 적이 있었다. 좋지 않은 일이 한꺼번에 일어났다. 거센 바람이 몰아쳤다. 삶의 의욕마저 꺾여 일어날 수가 없었다. 제사가 다가왔지만 아무것도 할 수가 없었다. 제사가 다 무엇이란 말인가. 그간 나 나름대로 정성을 들였다고 생각했는데도 밀어주고 도와주시기는커녕 집안에 우환을 몰아주는 것에 대한 원망이 절로 나왔던 것이다.

마침내 제삿날이 되었다. 머리 싸매고 오전 내내 누워 있다가 부지불식간에 자동인형처럼 벌떡 일어나졌다. 머리는 깨질 듯 아팠지만 무엇에 홀린 듯 장을 보고 있는 나를 발견했다. 속성으로 장보기를 마치고 몇 시간 만에 상을 차렸다. 내게 새겨진 관습의 유전인자는 이런 모습으로 나타났다. 그것은 지나온 날과 지금, 그리고 다가올 날이 독립적인 세계가 아니라는 것, 시간 속에서 끊임없이 이어진다는 인식이 몸에 배여 있다는 증거이기도 했다.

나는 내가 해 오던 일을 하지 않을 수 없다. "봉제사해서 나쁠 거 하나 없다."라고 입버릇처럼 말씀하시던 친정어머니에게 나도 모르게 세뇌되었는지도 모르겠다. 보이지 않는 관습을 거부하지 못하는 데에는 조상님들로부터 측량하기 어려운 위안을 얻는다고도 믿고 싶기 때문이다.

선달 한겨울에 든 아버님의 제삿날은 늘 맵찬 바람이 분다. 손질해 둔 조기와 민어, 돔을 찐다. 마음을 모아 제수음식을 진설한다. 우리 대에서 끝날지도 모를 일이지만 종부인 친정어머니로부터 보고 배웠던 관습의 제문을 중얼중얼 왼다. 부디, 좋아하시고 자손들을 밀어주시고, 도와주시기를…. 손을 모아 허리를 굽힌다.

# 감출 것 없는 세상

봄비가 장맛비처럼 쏟아진다. 고양이 발자국처럼 사뿐사뿐 내리던 봄비의 정취를 느낄 수 없다. 봄꽃들도 차례를 지키지 않고 한꺼번에 우르르 피어나 황망스럽다. 계절의 경계가 무너지는 것 같아 왠지 불안하다. 이 시대는 사람도 자연도 중심을 잡지 못하고 허둥대고 있는 것 같다.

구청에 볼일이 있어 간 날이다. 행사가 있는 모양인지 평일 낮인데도 사람들로 북적댄다. 한쪽에서는 보건소에서 나온 직원이 사람들에게 기본적인 건강검진을 해 주느라 분주하다. 혈압과 피검사, 치매 체크를 해 준다기에 나도 슬며시 줄을 선다.

지난해 건강검진을 했을 때 혈압이 높다고 하여 적이 당황했다. 그동안 혈압은 언제나 안정권을 유지했기 때문이다. 일시적인 현상으로 판명이 되었지만 그 후로 혈압기가 보이면 그냥 지나치지 못했다. 건강을 자신할 수 없는 탓이겠거니 하면서도 서글픈 마음을 감출 수 없었다.

혈압을 잰다. 110/70이라는 숫자가 가라앉으려는 마음을 일으켜 세운다. 괜스레 기쁘기까지 하다. 다음은 혈액검사다. 그런데 앞 사람을 보니 주사기로 피를 뽑지는 않는다.

처음 보는 혈액검사기가 몹시 신기하다. 손바닥이 그려져 있는 검사기에 오른쪽 검지를 넣고 1분 동안 가만히 있으라고 한다. 기계 속으로 들어간 손가락은 피 한 방울 뽑히지 않고 그대로 나온다.

보건 공무원이 모니터를 보며 결과를 알려준다. 혈액은 좋은데 스트레스 지수가 높고 불안증도 보인다며 잘 관리하라고 친절하게 일러준다. 놀랍다. 저 작은 기계에 손가락 하나 잠깐 맡겼을 뿐인데 내 혈액 상태가 양호한지 아닌지를 알려 주고, 스트레스를 얼마나 받고 사는지가 나오다니 기가 찰 노릇이다. 인공지능 알파고에게 한 방 맞은 이세돌 같은 마음이 이럴 것이라고 한다면 비약일까.

아파트를 나서면서부터 내가 어디를 향해 가고, 어느 곳을 들르는지, 누구와 밥을 먹고, 어느 찻집에 앉아서 노닥거리는지 길가의 카메라는 빠짐없이 감시한다. 얼마 전에는 필요에 따라 내가 주고받는 문자와 메일까지도 들여다볼 수 있는 법이 통과되었다. 그것도 모자라 이제는 손가락 하나로 사람 속이 어떤지 알 수 있다.

조만간 손바닥만 대면 몸속 구석구석 다 보이는 것은 물론, 내가 무엇을 고민하는지 누구를 좋아하고 미워하는지 알 수 있는 기계가 등장할지도 모르겠다. 이러다간 '비밀'이라는 단어가 사라지지 않을까 걱정스럽다.

갑자기 내 안의 모든 것이 훤히 비치는 것만 같아 양팔을 감싸쥔다. 숨길 것이라곤 아무 것도 없다. 굳이 보이고 싶지 않은 구질한 일상도, 딱히 드러낼 필요없는 잡다한 집안 사정까지도 여과 없이 보일지도 모른다고 생각하니 소름이 돋는다. 특정한 누군가만 볼 수 있다는 것이 공정하지 않다고 우겨 봤자 소용없는 일이지만, 설사 나에게 그런 권리를 준다 해도 정중히 사양하겠다. 굳이 타인의 삶을 들여다보고 싶지 않기 때문이다.

이런 세상은 더 이상 신비롭지 않고 무언가를 알아가는 재미도 없다. 과학이 발달할수록 사람의 존재는 보이지 않는 곳에서 움직이는 대로 살아가는 것 같아 씁쓸해진다. 그러지 않아도 한없이 작고 초라한 것이 인간일진대.

세차게 내리던 비가 멎었다. 먼지가 깨끗이 씻긴 아스팔트길을 걷는다. 손가락 하나로 속을 들키고 나니 무력감에 집으로 곧장 가고 싶지 않다. 비 맞은 봄꽃은 속절없이 지고, 공기는 때 이른 여름을 예고하느라 후텁지근하다. 가로등 근처 감시카메라는 눈을 부릅뜨고 갈 길을 바꾼 나를 유심히 쳐다본다.

# 간절기

환한 봄빛에 눈이 부셔 커튼을 내린다. 눈치채지 못하는 사이에 몸과 마음이 어긋나기 시작한 모양이다. 감기도 지독하게 앓으니 중병에 걸린 것 못지않다. 몸은 천근만근 땅속 깊숙이 빠져드는 기분이다. 웬만해서는 감기에 걸리지 않는 건강한 체질이라고 생각했는데 아닌 것 같다. 지난가을에도 감기몸살로 며칠 앓아누웠다.

시간 날 때마다 꾸준히 운동을 해 왔기에 제법 단단하다고 여겼다. 하지만 이런 자만심에 찬물을 끼얹듯 된통 걸리고 말았다. 반짝 찾아들었던 꽃샘추위도 지났건만 춘래불사춘春來不似春이라, 봄인 듯 봄 아닌 변덕스런 기후 탓도 있었다. 춘삼월에 눈을 뿌리고 칼바람이 불어댔다.

인생의 여러 계절을 건너 이제 또 다른 계절을 맞이하려고 몸살 중인지도 모르겠다. 그러고 보니 전조가 없진 않았다. 예전에 비해 의욕이 꺾이고 흥겨운 일들이 턱없이 줄어들었다. '바쁘다.'를 입에 물고 다녔던 때가 언제였던가 싶게 요즘은 '나 한가해요.'다. 내가 나를 가두어 놓고 세상과 단절시킨 부분도 없지 않으나 그렇다고 그 누구도 나를 꺼내주지 않았다. 가만히 있어도 그들이 나를 즐겁게 혹은 필요로 한다고 생각한 것은 착각이었다. 손뼉을 마주쳤기에 소리가 났던 것을.

삶은 그저 이어지는 것이 아니라 때때마다 매듭을 만들며 새 국면을 맞이하게 한다. 훌쩍 지나온 것 같은데 돌아보니 생각보다 많은 간절기를 맞고 보내며 여기까지 온 것 같다. 춘삼월 기습 추위에 바들바들 떨기도 했고 겨울 훈풍에 땀띠가 나기도 했었다. 이제는 언제 스카프를 목에 두를 것인지, 어느 때쯤 코트를 벗어야 하는지 알아차리게 되었다. 그럴 때면 의욕이 생기기보다 체념이 앞섰다. 여러 가지를 포기해야 하는 것이 일견 슬프기도 하지만 포기도 내 선택이라면 딱히 나쁠 것도 없지 않을까 싶다. 갈수록 단순하고 소박하게 삶을 꾸려가야 한다는 것을 알기 때문이다.

무엇인가를 이루려고 안간힘을 썼던 때는 되든 아니 되든 그것을 향해 마구 달렸다. 달리다 보니 돌부리에 걸리기도 했고 나뭇가지에 옷자락이 찢어지기도 했다. 흠집 하나 없이 목적지까지 안착할 때도 더러 있었으나 달릴 때마다 입에서는 단내가 나고 숨이 차올랐다. 이제는 몸과 마음이 편안한 것만큼 좋은 것이 없다는 생각이 든다. 숨이 막히도록 달릴 레이스도 펼쳐져 있지 않다. 바람 부는 대로 천천히 걸어가도 좋을 성싶다.

인생 레이스의 몇 번째 간이역에서 서성이고 있는지 알 수 없지만, 의욕에 넘쳐 파이팅하지 않아도 괜찮지만 메말라가는 마음이 안타깝다. 어지간해서 감동이 일지 않는 이 마음을 어떻게 수습해야 할지 그것이 요즘 가장 고민스럽다. 온기 품은 촉촉한 마음을 살아있는 내내 간직할 수 있다면 그것이 행복이라 여겨진다. 몸을 추스르고 나면 오래된 수첩을 뒤져 빛바랜 이름들을 불러보아야겠다. 누군가도 나처럼 자신을 불러주기를 기다리고 있을지도 모를 일이다.

기나긴 겨울을 겪어서일까. 봄은 참으로 왁자하게 들이닥친다. 만화방창 산야가 꽃으로 흐드러지고 개천에 물이 콸콸 흘러간다. 피돌기를 멈추지 않은 사람들도 덩달아 봄바람에 흔들린다. 나도 저들과 함께 흔들리며 가야겠다. 아직 입안은 소태지만 마냥 누워 있을 수만은 없어 몸을 일으켜 세운다. 그만큼 앓았으니 감기가 물러날 때도 되었다.

몸을 추스르고 일어나 창을 연다. 피는 것도 보지 못했는데 목련이 뚝뚝 지고 있다. 이 봄날, 감기에 쓰러져 방구들을 짊어지고 있었는데 흘러가는 세월은 어김이 없다. 나를 기다려 주지 않는 세월을 탓할 수는 없는 일. 겨울과 봄이, 마침과 시작이 혼재된 시간을 힘겹게 보내고 또 다른 계절 앞에 서서 살아갈 용기를 낸다. 지금보다 더 지독한 간절기를 맞이해야 할지도 모르지만 걱정 마중은 나가지 않으련다. 불현듯 봄빛 완연할 바깥 세상이 궁금해서 견딜 수가 없다.

서둘러 운동화를 꺼내 신고 솔마루길로 향한다. 온몸으로 감겨드는 바람의 냄새가 싱그럽고 달달하다. 산의 들머리가 보이자 이내 마음이 바쁘다. 하마 진달래가 졌을까 봐.

# 큰 옷 팝니다

어느 날, 버스를 타고 가다가 눈길을 끄는 간판 하나를 보았다. 검정 바탕에 흰 글씨로 '큰 옷집'이라고 쓰여 있었다. 짐작이 틀리지 않는다면 특별한 체형을 가진 사람의 옷을 파는 가게인 것 같았다. 다양성이 존중 받는 것 같아 반가웠다.

우리 사회는 언젠가부터 옷 크기나 신발 크기 등을 일정 기준으로 정해 놓았다. 그 선을 넘어가거나 미치지 못하는 사람들은 마치 하자가 있는 듯이 여겨지기도 하는 분위기다. 사람은 저마다 생김이 다르고 키나 체형 또한 각양각색이지 않은가. 타고난 체형은 스스로의 선택이 아니다. 그럼에도 정해진 기준 안에 들지 못하면 불편함을 감수하며 살아가야 한다.

적당하게 큰 키에 날씬한 몸매를 가진 사람들은 작거나 너무 큰, 뚱뚱하거나 삐쩍 마른 사람들의 고충을 이해하지 못할 것이다. 규격화된 사이즈를 골라 입기만 하면 척척 맞기 때문이다.

패션 모델들은 대개 쭉 뻗은 키에 비현실적인 몸매의 소유자들이다. 그들이 무대에 입고 나오는 의상은 나처럼 키가 작거나 뚱뚱한 사람에게는 그림의 떡일 뿐이다. 세상에는 모델 같은 사람도 있지만 그렇지 못한 사람들이 더 많이 살아간다. 작고 뚱뚱한 사람, 마르고 키가 작은 사람, 뚱뚱하고 키가 큰 사람도 모델이 될 수 있어야 하지 않을까 싶다. 아니 그리 되어야 마땅하지 않겠는가. 몸매의 약점을 보완할 수 있는 그런 옷차림을 선보이는 모델들이 있으면 좋겠다.

키가 작은 나는 한동안 바지를 잘 입지 않았다. 바지를 사게 되면 예외 없이 길이를 잘라야 했기에 바지 입기를 꺼렸다. 긴

소매의 옷도 기장 수선을 해야 입을 수 있다. 옷집에 가면 몇 가지의 치수가 있지만 나처럼 길이를 줄이거나 늘여 입어야 하는 사람들이 있다. 이렇게 수선이라도 가능한 사람은 좀 낫다. 백화점에서 파는 옷들은 대개 44, 55, 66, 77로 구분해 놓았다. 자신의 체형이 이 치수에 들지 못하면 돈이 있어도 살 수가 없다.

옛날에는 양복점이나 양장점이 동네마다 있어서 각자 몸에 맞춰 옷을 만들어 입었다. 지금은 옷에 몸을 맞춰야 한다. 대기업에서 몇 가지 치수로 대량생산을 하면서부터 동네의 양복점과 양장점이 사라져 갔다. 개인의 체형은 무시된 채 획일화된 사이즈에 몸을 맞추어야 하는 기성복 시대를 살면서 우리는 알게 모르게 많은 것을 강요당하며 살고 있지는 않은가 생각하게 된다. 맞춤옷이 지금도 있기는 하지만 그것은 예전의 대중적인 것이 아니라 특별한 계층을 위한 것이 되었다. 대중들은 옷을 몸에 맞추어야 하니 젊은 사람들일수록 날씬한 몸매를 만들기 위해 갖은 노력을 한다. 노력을 한다고 다 잘되는 것은 아닌데도 말이다.

뚱뚱해서 다이어트를 하는 사람이 있고, 더 날씬하게 살고 싶어서 하지 않아도 될 다이어트를 하는 사람이 있다. 건강을 위해서 해야만 하는 사람도 있지만 살을 빼야겠다는 심리 저변에는 자신보다 주변의 시선 때문에 기를 쓰고 다이어트를 강행하는 사람도 많다. 그러다 보니 부작용 또한 만만치 않다. 외모 지상주의가 부른 폐해이다.

사람이 중심이 되어 편견이 없어진다면 큰 옷집, 작은 옷집, 빼빼장구를 위한 옷집이 생겨나지 않을까. 큰 옷 파는 집을 응원한다. 몇 가지 규격을 만들어 놓고 그 안에 들지 못하는 것을 더 이상 부끄럽지 않게 여기는 세상을 꿈꿔 본다.

# 천천히
# 그리고 뭉근하게

일을 하다가 요즘 잠시 쉬고 있는 중이다. 여유는 마음까지 느긋하게 만든다. 바쁠 때는 미처 보이지 않던 것들이 눈에 들어오고 전에 가지지 못했던 생각들이 한 가지씩 기지개를 켠다.

거실 한쪽에 정물처럼 놓여 있는 누런 호박에 눈이 갔다. 두어 달 전 시골에서 가져온 것이다. 저대로 두면 썩어서 버릴 것이 뻔했다. 어머님이 챙겨 주시면 뭐든 마다하는 법 없이 넙죽 잘 받아오지만 먹는 것보다 버리는 게 더 많다. 상해서 버릴 때마다 챙겨 주신 마음이 밟혀 편치 않았다.

요즘은 가정에서 호박죽을 끓이거나 빈대떡 같은 음식을 예전만큼 잘 만들지 않는다. 손이 많이 가는 것은 내남없이 피하려고 한다. 요리를 취미로 하는 사람은 다르겠지만 대부분은 시간과 공을 들여 별식을 만들지 않는다. 생활이 바쁘기도 하지만 애써 만들지 않아도 집 앞에만 나가면 살 수 있기 때문이다. 그런데 입맛은 회귀본능이 있는 모양이다. 옛날에 어머니가 해 주시던 별미들이 하나 둘 생각난다. 오랜만에 호박죽을 끓이기로 했다.

두껍고 딱딱한 껍질을 벗기고 적당한 크기로 썰어 압력솥에 한소끔 끓여 놓았다. 물에 불린 찹쌀을 갈고 팥도 삶아 함께 넣어 죽을 끓였다. 북덕북덕 죽이 끓기 시작했다. 호박죽에 팥알이 섞이니 먹음직스러웠다. 눋지 않도록 젓는데 죽이 퍽퍽 튄다. 손가락을 데였다. 어쩌다 만드는 표를 냈다.

오랜만에 발휘한 솜씨였지만 맛이 그럴듯했다. 남편과 딸아이가 맛있게 먹었다. 혼자 계시는 앞집 할머니께도 한 그릇 갖다

드렸다. 딸은 사먹는 것보다 맛있다고 한 그릇 더 먹었다. 미안한 마음이 슬쩍 지나갔다. 마음만 먹으면 할 수 있는 일을 귀찮게 여기는 바람에 놓치고 지나쳐 버리는 것이 어디 한둘인가.

내친 김에 뒷베란다에 부려놓은 무를 씻었다. 계획에도 없던 무김치를 두 통이나 담았다. 가을무는 달아서 별 솜씨를 부리지 않아도 김치는 맛이 났다. 넉넉하게 담아 놓으니 나누고 싶은 마음이 생겼다. 일하느라 늘 바쁘게 뛰어다니는 후배에게 한 통 보냈다.

부드러운 무청은 널어 말렸다. 숨죽인 채 얌전히 말라가는 이파리들을 보며 다가올 겨울 식탁을 머리에 그렸다. 무청은 물기가 마르면서 시래기가 될 것이다. 마음이 훈훈해지고 입맛이 돌았다. 잘 마른 시래기를 약한 불에 뭉근해지도록 삶아 자작한 물에 된장을 풀어 지져 놓으면 뱃속을 뜨끈하게 데워주는 겨울 반찬으로 그저 그만이다.

불량주부인 나는 냉장고에 뭐가 들어 있는지 잘 모른다. 한 번씩 뒤져보면 별의별 게 다 나온다. 점점 커진 냉장고 속으로 모두 들어간 음식들 중에 뒤로 밀려난 것들은 빛도 보지 못하고 버려진다. 냉동실을 정리하다가 녹두가 있는 것을 발견했다. 녹두를 보니 빈대떡이 먹고 싶다. 녹두를 물에 불려 수십 번을 치대며 껍질을 벗겨냈다. 묵은지를 다지고 돼지고기도 갈아왔다.

재료를 한데 버무려 추억의 빈대떡을 부쳤다. 고소한 기름 냄새에 아련한 그리움이 묻어난다. 딸애는 자주 먹어본 음식이 아니어서인지 썩 맛있어하는 눈치는 아니다. 하긴 요즘 아이들 입맛에 맞을 리 없을 게다. 나는 군불 지피던 시절을 생각하며 그리움을 먹었다. 옛날 음식은 맛으로 먹는 게 아니라 추억으로 먹는다더니 정말 그런 모양이다.

어머니가 먹었고 내가 먹었던 음식들이 딸에게도 대물림될 수 있을지 걱정이 앞서지만 노파심일지 모른다. 기억을 되살려 예전에 먹었던 음식을 계속 만들어 볼 작정이다. 먹어봤던 음식은 자신도 모르는 사이에 몸이 기억을 할 터이다. 내가 이런 마음이듯 딸들도 옛 맛을 되찾고 싶은 때가 올 것이라 믿는다.

한때 맛있게 먹었던 패스트푸드가 점점 싫어진다. 입맛을 자극하는 요란한 음식에 손이 선뜻 가지 않는 것은 혀끝만 희롱하는 가벼움 때문이다. 과정 없이 결과만 있는 봉지 속 과자에 현혹되고 싶지 않다. 몸만 커지고 속은 제대로 여물지 못해 일어나는 요상한 일들이 세상에는 얼마나 많던가.

생활은 전에 없이 편리해졌지만 늘 시간에 쫓기고 예전보다 가진 것은 몇 배가 되었지만 소중한 것은 줄어들었다. 시간도 재단하기 나름이다. 이제는 한 걸음 늦춰 걸으며 시간과 공을 들이는 일에 마음을 쏟고 싶다. 뭉근하게 깊은 맛을 낼 수 있는 사람이 되었으면 좋겠다. 늘어난 생의 시간 속에 삶의 의미를 잘 채워 넣고 싶다.

3부

# 자작나무

탁자 위에 놓인 꽃잎 모양의 그릇에 눈길이 머문다. 러시아 여행길에서 사 온 자작나무 그릇이다. 가볍고 얇은 재질이지만 단단해 보인다. 안쪽 면에는 채색이 되어 있고 꽃과 나비 문양을 조각해 놓았다. 그리운 집에 돌아와서인지 햇살이 그릇에 담기자 꽃이 피고 나비가 날아오를 것만 같다. 자작나무는 그릇으로 다시 태어나 행복한 꿈을 꾸고 있는 것일까.

# 활착活着

도심의 공터에 소나무 몇 그루가 자리를 잡으려나 보다. 언뜻 보기에도 수령이 꽤 되어 보이는 나무들이다. 트레일러에 가로누운 몸통은 장정 서너 명을 연결한 것만큼이나 길다. 마포에 싸인 뿌리는 한 사람 키를 훌쩍 넘길 만큼 크다.

옆으로 뻗어나갔던 가지는 포박 당한 채 꼼짝하지 못한다. 일으켜 세우는 것도 보통 일은 아닌 듯하다. 미리 준비해 놓은 새 집에 나무를 들여앉히는 작업이 시작된다. 무척이나 조심스러워 보인다.

뿌리가 바로 세워지자 빈 구덩이에 흙을 채운다. 물을 흠뻑 준 다음 긴 절굿공이로 죽이 되도록 흙을 휘젓는다. 전에 살던 곳의 흙과 이곳의 흙이 고루 섞이게 하는 작업이다. 뿌리 깊숙이 물을 빨아들였는지 기포가 뽀글거린다. 묶여 있던 가지를 풀어 놓으니 생기가 돈다. 이송 되어온 대여섯 그루의 소나무는 그렇게 새 땅에 몸을 세웠다.

작업은 아직 끝나지 않았다. 나무를 타고 올라가서 이 나무와 저 나무의 가지를 묶어 준다. 불안정한 가지가 비바람이나 태풍을 견뎌야 하기에 서로 의지하라는 뜻이다.

제를 올린다. 옮겨온 나무가 탈 없이 뿌리를 내릴 수 있게 지켜달라며 지신地神에게 막걸리를 듬뿍 먹인다. 귀물貴物을 대하듯 공을 들이는 것을 보니 무탈하게 뿌리를 잘 내릴 수 있을 것 같다. 그러나 꼭 그런 것도 아니라 한다.

힘든 작업을 마친 사람들이 높이 서 있는 나무를 대견스레 올려다본다. 잘살아야 한다는 간절한 눈빛이다. 하지만 이삿짐을 아무리 잘 꾸려 보냈다 한들 견디며 사는 일은 스스로의 몫이다. 자의든 타의든 뿌리내린 터전을 떠나게 되는 것이 비단 나무에게만 일어나는 일은 아니다. 사람이 나무와 다를 게 무엇이랴.

이미 옛일이 되었지만, 나는 이십 년 가까이 근무하던 곳을 떠나 지금 사는 곳으로 근무지를 옮겼다. 그동안 친정어머니가 살뜰히 키워 주던 두 아이를 데리고 이삿짐을 꾸렸다. 짐을 싸 주던 어머니는 피붙이 하나 없는 곳으로 떠나는 딸과 돌봐 줄 사람 없는 손녀들이 안쓰러워 걱정이 태산이었다. 나 역시 불안했지만 주말부부로 살던 남편과 모여 살 수 있다는 것에 걱정스러운 마음을 애써 감췄다.

당시, 초등생 큰아이와 유치원생 작은아이가 큰 문제였다. 아침이면 우리 집은 전쟁터였다. 아이들을 시간에 맞춰 내보내야 하는데 작은아이가 나보다 늦게 나가야 했다. 시계를 볼 줄 모르는 아이에게 내가 전화하면 그때 나가도 된다고 아침마다 당부했다. 그러나 아이는 불안했던지 번번이 일찍 나가서 아파트 모퉁이에 쪼그리고 앉아 하염없이 유치원 버스를 기다렸다.

정신없이 출근하던 나도 새 환경에 적응하느라 긴장의 연속이었다. 여직원 중에 최고참인 것도 부담스러운 일이었다. 아직

이곳의 토질이 어떤지, 내가 내릴 뿌리를 어디로 어떻게 뻗어야 할지 방향을 잡지도 못하고 있는데 여러 일들이 나를 죄어 왔다. 들어온 돌인 나는 웃물이 되었다. 은근슬쩍 지켜보는 눈길이 느껴질 때마다 잘하던 일도 실수를 했다. 텃세를 견디는 일이 무엇보다 힘들었다. 안팎으로 부는 바람을 막아내느라 가지를 잘 펼 수도, 뿌리를 제대로 뻗칠 새도 없었다. 힘겨울 때마다 떠나온 곳이 생각났다. 고향에 벚꽃이 피었다는 말만 들어도 눈가가 지짐거렸다.

낯선 직장 분위기에 조금씩 익숙해지고 동료들과도 친근하게 지내게 되었지만 완전히 적응하려면 얼마나 더 많은 시간이 걸릴지 알 수 없는 노릇이었다.

그해 여름에 큰 태풍이 몰아쳤다. 지상에 서 있는 것들을 모조리 넘어뜨릴 기세였다. 아니나 다를까, 건너편 아파트 마당에 큰 나무 한 그루가 넘어졌다. 가지가 부러진 채 쓰러진 나무는 조경수로 이식된 것이었다. 옮겨온 지 얼마 되지 않아 맥없이 쓰러지고 말았다.

바람은 나무만 쓰러뜨리지 않는다. 내게도 명예퇴직의 위기가 닥쳤다. 당근의 무게가 나를 유혹했다. 아침마다 유치원 차를 하염없이 기다리는 작은아이의 모습이 눈에 밟혔다. 목걸이 열쇠를 잃어버려 집에 못 들어간다는 큰아이의 울먹이는 소리가 귀에 쟁쟁했다. 직장 안에서 더 이상 웃물이 되고 싶지 않았다. 고심 끝에 사표를 냈다. 새 땅으로 옮겨온 지 삼 년 만에 스스로 뿌리를 뽑고 말았다.

새 보금자리에 뿌리를 내리려면 주변의 조건과 잘 맞아야 하고 무엇보다 견뎌내겠다는 의지가 있어야 한다. 대개 사람들은 지나고 나서야 '그때 그랬어야 했어.'라고 후회를 한다. 그 범주에서 크게 벗어나지 못하는 나도 수시로 그렇게 뒤돌아보며 살아간다. 새 터전에서 굳건히 살아내지 못했지만 숙명처럼 다가온 일에 마음을 쏟고 있다. 이제는 지난한 삶을 묵묵하고 그윽하게 받아들일 수 있는 심전心田에 뿌리를 힘껏 내리며 살고 싶다.

활착은 땅에서만 이루어지는 것이 아니다. 사람의 마음에도 사랑과 믿음이 진실로 자리 잡을 때 그 뿌리가 제대로 선다. 단단하게 뿌리내린 나무는 한순간 흔들릴지언정 어떤 풍파에도 쉽게 쓰러지지 않는다. 뿌리가 건강해야 꽃을 피우고 열매도 맺을 수 있지 않겠는가.

산속에서 도심으로 내려온 저 소나무들이 겪어야 할 앞날이 그 시절 내가 겪었던 마음고생과 별반 다르지 않을 것이다. 도심의 공터에 몸을 부린 나무가 기상 늠름한 소나무로 거듭날 수 있기를 기원한다. 바람에 흔들리지만, 척박한 땅 어디라도 뿌리 내리려 애쓰는 세상의 모든 생명에게 위안이 될 수 있도록.

# 자작나무

탁자 위에 놓인 꽃잎 모양의 그릇에 눈길이 머문다. 러시아 여행길에서 사 온 자작나무 그릇이다. 가볍고 얇은 재질이지만 단단해 보인다. 안쪽 면에는 채색이 되어 있고 꽃과 나비 문양을 조각해 놓았다. 그리운 곳에 돌아와서인지 햇살이 그릇에 담기자 꽃이 피고 나비가 날아오를 것만 같다. 자작나무는 그릇으로 다시 태어나 행복한 꿈을 꾸고 있는 것일까.

초여름에 찾은 연해주는 낙엽 지는 가을 느낌이 물씬했다. 뜨거운 여름은 짧고 혹독한 겨울이 긴 곳이다. 고려인들이 사는 우정마을이 있는 곳, 우수리스크로 가는 길가에 하얀 몸피를 가진 자작나무가 많이 보였다. 몇 해 전 백두산 가는 길에서 처음 본 자작나무를 이곳에서 다시 보니 감회가 새로웠다.

자작나무는 북한의 산악지방에서 시작해 만주를 지나 시베리아까지 내달려 북반구의 추운 지방까지 온통 무리를 이룬다. 따뜻한 남쪽나라를 마다하고 삭풍이 몰아치는 한대지방을 선택한 자작나무는 자기들만의 터를 잡는 데 성공한 셈이다. 영하 삼십도의 혹한을 두껍지도 않은 새하얀 껍질로 버틴다. 종이처럼 얇은 껍질이 겹겹이 쌓여 있는데, 마치 하얀 가루가 묻어날 것만 같다. 보온을 위하여 껍질을 몇 겹으로 만들고 풍부한 기름 성분까지 넣어 두었다. 살아 있는 나무의 근원인 부름켜가 얼지 않도록 생존을 위해 스스로 대책을 세운 것이다.

자작나무의 껍질은 얇고 매끄러워 잘 벗겨진다. 옛날에는 종이를 대신하여 불경을 새기거나 그림을 그리는 데 쓰였다. 껍질은 기름기가 많아 잘 썩지 않을 뿐만 아니라 불을 붙이면 잘

붙고 오래간다. 탈 때 나는 '자작자작' 소리를 듣고 자작나무란 이름이 붙여졌다. 자작나무는 산불이나 산사태로 빈 땅이 생기면 가장 먼저 찾아가 자기 식구들로 숲을 만들어 빠른 속도로 자란다. 시간이 지나면서 날아온 가문비나무나 전나무 씨앗이 자라나 자작나무의 키보다 더 올라오면 그들에게 땅을 내주고 새로운 땅을 찾아 나선다.

오래전, 조선에 큰 흉년이 들어 기근에 시달리던 일부 백성들이 두만강을 건넜다. 그들은 자작나무 몸피 같은 무명바지저고리를 입고 이 연해주 땅에 왔다. 혹한을 견디기 위하여 누빈 옷을 겹겹이 입었지만 강한 추위를 견디기 힘들었다. 가죽과 털옷을 구하려 억척스레 일을 하고 또 했다.

이곳에서 고려인으로 살아가는 그들의 선대는 삭풍이 몰아치는 곳으로 올 수밖에 없었다. 앉아서 굶어 죽기보다 새로운 땅을 개척하기로 했다. 민족적 차별을 극복하고 학교를 세우고 독립운동을 지원했다. 성실하게 일한 덕에 재산이 늘어나는 기쁨도 누렸다.

연해주로 밀려드는 한인들을 러시아도 처음에는 반겼다. 그러나 한인들이 터를 잡고 숲을 이루어 가자 곱게 보지 않았다.

외풍마저 불었다. 일본의 앞잡이 노릇을 한다는 누명을 씌워 죽을힘을 다해 일군 땅에서 쫓겨날 처지에 놓이게 되었다.

한인들은 영문도 모른 채 블라디보스톡 혁명광장에서 화물기차에 태워졌다. 일주일 동안 가는 길을 사십여 일 동안 갔다. 그 사이에 사람들은 굶어 죽고, 떨어져 죽고, 병들어 죽었다. 살아남은 사람들은 머나먼 곳 빈 땅에 내동댕이쳐졌다. 자작나무처럼 황량한 곳에서 또다시 자리를 잡아야 했다. 그들은 어떤 시련에도 검질기게 살아남았다. 그렇게 고려인이 되었다.

우수리스크로 가는 길에서 만난 자작나무를 보며 이 땅에 사는 고려인을 생각했다. 느티나무나 은행나무처럼 수명이 길지도 않고 덩치도 우람하지 않다. 황백색의 군살 없는 몸을 보면 상대를 거꾸러뜨릴 만큼 센 힘도 가지지 못한 것 같다. 그러나 집단으로 곧게 자라며 재질이 좋아 쓰임도 껍질 못지않게 다양하다고 한다. 삭풍이 몰아치는 혹독한 곳에 살아도 버릴 것 하나 없이 제 의지로 꿋꿋하게 살아간다. 척박한 환경을 이겨내고 빠르게 적응하는 힘이 꼭 고려인을 닮았다.

햇살을 품고 있는 자작나무 그릇을 바라보니 더욱 애절하다. 무심한 세월을 겪고 내게 온 자작나무 그릇 속에 고단했던 그들의 삶이 얼비치는 듯하다. 고려인의 앞날에 언제나 꽃이 피고 나비가 날아오르기를 간절히 소망한다.

# 보타이시

# 모

관부연락선關釜連絡船을 타고 현해탄을 건너간 날이다. 부산에서 하관(시모노세키)까지 가는 뱃길에는 '동북아 평화연대' 소속의 선생들과 함께이다. 가깝고도 먼 나라 일본 땅에 닿으니 흐린 하늘에서 비가 내린다.

K 씨 부부가 여분의 우산을 가지고 우리를 기다리고 있다.

배려하는 마음과 온화한 미소가 외삼촌을 보는 것만 같다. 조총련계에 대한 선입견 때문에 지레 긴장했던 것이 무색하다. 차를 타고 가면서 K 씨는 우리가 찾아갈 곳에 대해 이야기를 시작한다.

일제강점기 때 수많은 조선인들이 끌려와 어떤 이는 노무자가 되고 어떤 이는 군인이 되어 전장으로 나갔다. 그 가운데 일부가 규슈 후쿠오카의 석탄광산에 끌려왔는데 강제노역에 시달리다 죽고, 굶주림으로 죽고, 고향이 그리워 도망치다 맞아 죽기도 했다.

조선인 광부들이 석탄을 캐다가 수없이 죽어나갔지만 일본인들은 묘를 쓰지 못하게 했다. 살아남은 동료들이 주검을 수습하여 그 위에 광산에서 나온 자그마한 폐광석(보타이시)을 올려놓았다. 이러한 방식은 기르던 개나 고양이가 죽었을 때 매장하는 현지의 풍속이라 한다.

여기저기에 주먹만 한 돌이 무심히 흩어져 있다. 누군가가 설명을 해 주지 않는다면 묘지석이라는 것을 감히 알 수 없다. 길 위의 '돌멩이무덤'은 일제강점기 때 끌려온 이름 모를 조선인 광부들이 묻혀 있는 곳이다.

'돌멩이무덤' 앞에 서니 형언할 수 없는 기분에 휩싸인다. 묵직한 것이 가슴을 눌러 숨쉬기조차 힘들다. 아무도 말이 없다. 하염없이 내리는 빗소리만이 무거운 적막을 깨운다. 설명을 하던 K 씨도 목소리가 자꾸 잦아든다.

공교롭게도 조선인 광부들의 '돌멩이무덤' 앞에 개와 고양이의 무덤이 있다. 어찌된 일인지 고양이의 보타이시는 사람의 팔뚝이나 허벅지만 한데 조선인의 보타이시는 굴러다니는 돌멩이에 불과할 정도로 작은 것들이다. 조선인은 당시에 일본에서 개 고양이만도 못한 취급을 받았다는 사실을 가장 잘 대변해 주는 것 같아서 마음이 더욱 무겁게 가라앉는다.

천우신조로 살아남은 사람 중에 이곳에 눌러앉은 사람들이 재일교포가 되었다. 남과 북이 나누어져 있는 것처럼 일본에 거주하는 교포도 '거류민단'과 '조총련'으로 나누어진다. 이 여정에 조총련계 사람들과의 만남도 예정되어 있다. 조선민족학교 50주년 기념행사에 일행 중 몇 분이 초청을 받았기 때문이다. 우리 일행을 안내하기 위해 나온 K 씨도 조총련계이다.

조총련이라 하면 북송선 '만경봉호'가 먼저 떠오른다. 조총련계 사람들이 그 배를 타고 북한으로 건너간 적이 있었기 때문이다. 초등학교 때부터 반공교육을 철저히 받고 자란 세대여서인지 그 사람들을 만난다는 것이 은근히 신경이 쓰인다. 외삼촌 세 분이 일본에 사셨기에 재일교포는 나와 무관하지 않아 더 그런지도 모른다.

일본에서 태어나 열두 살에 해방을 맞은 엄마는 가족들과 귀국선을 탔다. 해방된 조국으로 돌아왔지만 먹고살 길이 막막했다. 패망한 일본이나 해방된 조국이나 어수선하기는 매한가지였다. 일본에서 학교를 다녔던 엄마는 한글을 배우는 게 급선무였다. 큰외삼촌은 살길을 찾아 다시 일본으로 밀항을 했고 모진 고생 끝에 자리를 잡게 되었다. 정착에 성공한 큰외삼촌이 고국에 남아있던 두 외삼촌까지 불러들여 재일교포로 살아갔다. 큰외삼촌은 민단의 단장까지 맡을 만큼 활동적이었다.

해외여행이 자유롭지 못했던 칠십 년대에 엄마는 일본에 자주 갔다. 교포의 부모나 형제자매는 초청이 가능했기 때문이다. 큰외삼촌이 한국에 계시는 외할머니를 일본으로 모셔 갔는데 할머니는 그곳 생활에 적응을 하지 못하셨다. 할머니에게 딸이 곁에 있으면 나을까 하여 외삼촌이 우리 엄마를 초청한 것이었다. 한 번 가면 적어도 보름씩은 있다 왔기에 당시 여고생이던 나는 엄마 대신 집안 살림을 도맡아 했다. 그것을 불평 없이 참고 했던 것은 엄마가 돌아올 때 가지고 오는 불룩한 가방 때문이었다.

그 시절, 일본 외삼촌은 나에게 귀한 선물을 안겨주고 우리 집이 힘들 때마다 도와주는 구세주와 같은 특별한 존재였다. 민단이든 조총련이든 재일교포로 일본 땅에서 사는 삶이 결코 녹록지 않다는 것을 나는 알 리가 없었다. 역사인식이 부족했기에 내게는 '잘사는 일본외삼촌', '자랑스러운 일본외삼촌'일 뿐이었다.

교포 첫 세대였던 큰외삼촌도 작은외삼촌도 지금은 이 세상에 계시지 않는다. 좋은 세상을 만나 해외여행이 자유로워졌지만 나는 외삼촌이 살아계실 적에 일본에 가보지 못했다. 엄마 형제 중에 우리 집이 유독 힘들게 살아 외삼촌이 무던히도 도와주셨는데 그 은혜를 갚을 길 없다.

사월의 봄비는 겨울비처럼 을씨년스레 내린다. 꽃 한 송이를 돌멩이 곁에 꽂으려는데 얼굴에서는 내리는 빗줄기보다 굵은 눈물이 흐른다. 노무자로 시작해서 고철 수집상으로 갖은 멸시와 차별을 이겨내고 이 땅에 살았던 외삼촌의 삶이 겹쳐진다. 이곳에 묻힌 분들과 비교할 수 없겠지만 그나마 살아남아 곤고

한 세월을 견뎌냈기에 한때 영화도 누렸다. 하지만 외삼촌은 한평생 일본인도 한국인도 아닌 재일교포로 쓰라린 세월을 살다 가셨다.

원혼들의 기운이 서려서일까. 꽃 피는 봄날이 무색하리만치 시린 기운이 맴돈다. 찬비 내리는 '돌멩이무덤' 앞에 향 하나도 사르지 못한 채 흰 들꽃 한 송이만 두고 떠나려니 발길이 떨어지지 않는다. 성도 이름도 모르는 조선의 젊은 영령들께 후대의 내가 드릴 수 있는 말은 부디 편히 쉬시라는 마음속 말 한마디뿐이다.

# 낙타가 태양을 피하는 법

둘째아이를 가졌을 때 반갑지 않은 손님이 찾아왔다. 왼쪽 눈 밑에 거뭇한 기미가 돋아난 것이다. 그것은 곧 대칭을 이루며 양쪽 눈 아래를 점령했다. 얼굴에 번진 얼룩을 지우기 위해 별짓을 다해 보았지만 소용이 없었다. 아이가 유치원을 다닐 즘이 되었는데도 사라지지 않았다. 날마다 고객을 응대해야 하는 입장에서 얼굴의 기미는 무척 신경 쓰이는 존재였다.

평소 나의 형편을 안타깝게 여기던 친구에게서 연락이 왔다. 미국에서 유명한 피부과 박사가 오는데 시술을 한번 받아보라고 했다. 믿을 만하고 비용도 들지 않으며 며칠만 지나면 잡티 없는 뽀얀 피부가 된다고 했다. 귀가 솔깃했다. 옆에서 나의 고충을 봐왔던 남편은 등을 떠밀었다. 그 시절만 해도 토요일까지 근무를 했기 때문에 어렵사리 휴가를 내어 고속버스를 탔다.

미국에서 온 박사는 아시아 의사들의 세미나에 초청되어 온 것이었고, 나는 연구 발표 대상이라는 것을 그 자리에서 알게 되었다. 과정이야 어찌되었건 얼굴의 얼룩만 없어진다면 이 정도 괴로움쯤이야 참을 수 있었다.

버닝burning은 약품으로 얼굴에 약한 화상을 입혀 피부를 벗겨내는 것이었다. 시술을 마친 내 얼굴은 차마 거울을 볼 수 없을 지경이었다. 그런데 아무리 따져 봐도 며칠 만에 회복이 될 것 같지가 않았다. 집에만 있는 사람이라면 참고 기다리면 되겠지만 나는 입장이 달랐다. 며칠 휴가를 낼 때 사실대로 말하기 민망하여 거짓말을 했던 것이 문제였다.

어떻게 수습을 해야 할지 난감했다. 마음은 한없이 불편하고 얼굴은 사막의 모래바람을 뒤집어 쓴 것처럼 화끈거렸다. 적어도 일주일은 되어야 얼굴의 딱지가 자연스럽게 떨어질 것 같았다. 후회한들 이미 엎질러진 물이었다. 제대로 알아보지 않고 덜컥 저질러 버린 내 탓이 컸다. 이 상태로는 출근할 수가 없었다. 휴가를 연장하는 일 말고는 달리 방법이 없었기에 장염으로 병원에 입원했다는 말로 둘러대었다. 담당 과장과 과원들이 병문안을 오겠다고 연락이 왔다.

호미로 막을 수 있는 것을 가래로 막아도 모자랄 지경이었다. 사실을 털어놓을 수밖에 없었다. 곤란하고 어려운 문제일수록 정공법이 가장 현명한 대처라는 것을 그때 알게 되었다. 그 일은 무시로 얼굴을 홧홧하게 하는 불편한 추억이 되었다.

사막의 낙타가 뜨거운 태양 아래서 작은 그늘조차 찾지 못할 때 오히려 얼굴을 태양과 마주한다고 한다. 태양을 피하려 등을 돌리면 몸 전체가 뜨거워지지만 태양을 마주보면 비록 얼굴은 화끈거리더라도 몸통 부위엔 그늘이 만들어진다는 것이다. 그래서 어려움이 오히려 줄어든다는 말이다. 이글대는 태양에 맞서는 낙타의 지혜다. 내게도 그런 지혜가 진작 있었더라면 살아가면서 부끄럽게 여기는 일은 하지 않았을 것이다.

중동 호흡기질환 '메르스'로 온 나라가 혼란에 빠져들었다. 제대로 된 정보가 없으니 국민들은 어떻게 해야 할지 몰라 우왕좌왕 마음만 졸였다. 신종 전염병이라 백신도 아직 없다고 했다. 누가 기침만 해도 주변 사람들이 죄다 쳐다보고 내가 재채기라도 하면 괜스레 주변 눈치를 살피게 되었다. 약국에서는 마스크가 불티나게 팔렸다. 결혼식장에서 신랑 신부와 하객들이 마스크를 끼고 찍은 사진이 해외 전파를 타는 웃지 못할 일도 생겼다. 치사율이 높은 전염병이라 하니 너도나도 외출을 삼갔다.

당국이 내놓은 예방법 중에 낙타 고기를 먹지 말라는 것이 있었다. 평생 낙타를 본 적도 없는, 사진에서나 접했던 대부분의 사람들에게 낙타 고기를 먹지 말라고 했다. 우리나라에서 일생을 보내고 있는 동물원의 낙타가 격리되고 확인되지 않은 괴괴한 소문이 SNS를 통해 날개를 달고 삽시간에 퍼져 나갔다. 그 사이 목숨을 잃는 사람이 나오기 시작했다. 확진자 수가 늘어나고 격리되는 사람들이 눈덩이처럼 불어났다.

밀려들던 중국 관광객의 발길이 끊기고 전염병이 도는 지역의 학교는 휴교에 들어갔다. 시장에도 백화점에도 사람 구경하기가 힘들어졌다. 내수경기가 여름 문턱에서 꽁꽁 얼어 버렸다. 신종 전염병 메르스는 일파만파 어디까지 퍼져 나갈지 갈피를 잡기 힘들게 되었다.

당국은 국민의 목숨이 걸려 있는 중대한 사안을 두고 제대로 알려 주지 않았다. 쉽게 가라앉을 것이라 판단했는지 쉬쉬하며 숨겼다. 보건당국이 갈팡질팡 허둥대다 호미로 막을 것을 포클레인으로도 막을 수 없게 되었다. 이글대는 태양을 피하기 위해 얼굴을 돌려 버렸다.

일찍이 이규보가 〈이옥설〉에서 갈파했듯이, 상황 판단을 제대로 하지 못하면 일은 어그러지게 되어 있다. 하지만 매사 판단을 잘하기가 쉽지는 않다. 긴가민가 헷갈리기도 한다. 그러나 잘못되었다고 느끼는 순간 궤도를 수정해도 늦지는 않다. 일의 진행 도중이라도 아니라고 판단이 되면 다시 살펴보는 것이 순리가 아니겠는가. 그러면 비록 얼굴은 화끈거릴지라도 온몸의 화상은 피할 수 있기 때문이다.

처음부터 솔직하게 말하고 휴가를 냈더라면 내 얼굴은 잡티 없이 말끔해졌을지도 모른다. 결국 사실대로 말을 할 수밖에 없었고 딱지가 제대로 앉기도 전에 무리하게 벗겨낸 것이 화근이 되어 시술을 받기 전과 별반 달라진 것이 없게 되었다. 고생은 고생대로 하고 거짓말쟁이까지 되고 말았다.

살아가는 동안 사막의 태양과 맞서는 낙타를 떠올려 그의 지혜를 빌린다면, 난관에 부딪칠 때마다 좀 더 슬기롭게 대처할 수 있지 않을까 싶다.

# 버튼 찾기

내가 세상 속에서 버튼을 찾는 일은 남들에 비해 턱없이 많은 시간이 걸린다. 스스로 가둬놓은 생각의 문을 열면 수월하게 찾을 수 있을 것도 같은데 아무래도 쉽지가 않다. 그래서 행동반경이 자꾸 좁아진다. 익숙하지 않은 것은 두렵기 때문이다.

언젠가부터 오른쪽 어깨에 통증이 느껴졌다. 혹시나 자세에 문제가 있을까 하여 운동을 시작했다. 땀을 흘리고 난 뒤 사우나에서 씻는 일이 일과가 되었다. 어느 날 보니 냉탕 천장에서 폭포수가 쏟아졌다. 그것을 맞는 사람들을 가만히 보니 쏟아지는 물의 압력으로 어깨나 등에 안마를 받는 것이었다. 그동안 폭포수의 존재조차 알지 못했지만 그것을 본 순간 나도 물을 맞아보고 싶었다.

물을 맞으려면 먼저 조작 버튼을 찾아야 했다. 냉탕은 사우나 구석진 곳에 있어 낮에도 어두운 편이었다. 눈을 부릅뜨고 기역자로 된 벽을 훑어보았으나 보이지 않았다. 손으로 벽을 더듬어 보았다. 이쯤 어디엔가 있을 법한데 손에 잡히지 않았다.

애가 달았다. 다른 사람에게 물어볼 수도 있었지만 그러고 싶지 않았다. 눈에 장애가 있어 잘 보지 못하기 때문에 도움을 청해야 마땅하나 나를 모르는 사람에게까지 약점을 굳이 알리고 싶지 않았다. 보통 사람들이라면 단박에 찾아낼 사소한 것조차 나는 시간이 걸린다. 어쩔 수 없이 에돌아가야 할 일이 많다. 미리 준비하고 늘 생각을 하며 살아도 스위치를 찾거나 떨어트린 물건을 줍는 일은 내게 많은 시간을 요구한다.

단추 모양의 버튼은 기계를 작동시킬 때와 멈출 때 사용되는 중요한 장치다. 크기에 비해 그 역할은 실로 대단하다. 버튼을 찾지 못하면 들어설 수 없는 곳이 많다. 세상에 널린 수많은 버튼을 제때 찾지 못해 늘 마음에는 조바심이 일고 강박에 시달리고 있다.

며칠 내내 폭포수 버튼 찾기에 몰두했다. 꼭 찾고 말리라. 왠지 그래야만 될 것 같았다. 누가 내 손을 잡고 여기 있다고 짚어주면 그 순간은 수월하게 넘어갈 것이다. 하지만 몸소 경험하지 않고 스스로 해결하지 않으면 금세 잊어버려 또다시 헤매게 되는 일들이 많았다. 시간이 걸리더라도 혼자 찾아보고 싶었다. 그것은 어쩌면 세상과 발맞추지 못하는 것에 대한 서글픈 오기 같은 것인지도 모른다.

물이 쏟아져 내리는 곳에서 분명히 멀지 않은 곳에 있을 것이란 생각 때문에 그 주변의 벽만 수도 없이 눈으로, 손으로 더듬었다. 남들이 보면 꼴이 우스울 것 같아 눈치껏 하려니 머리에 쥐가 났다. 운동장만큼 넓은 곳도 아닌데 며칠째 이짓을 하고 있는 자신이 한심하고 답답했다.

버튼 하나를 찾지 못해 시원스레 쏟아지는 폭포를 맞을 수 없다고 생각하니 어깨가 더 욱신거렸다. 며칠이 지나자 맥이 빠졌다. 커닝이라도 하려고 누군가 폭포수를 맞을 때를 기다려 보았지만 뒷북만 쳤다. 할 수 없이 딸아이에게 속내를 털어놓았다. 타지에 있는 딸이 마침 주말에 내려온다고 했다. 문제는 곧 해결될 것이다. 그런데 뒤이어 절망이 따라왔다. 이런 사소한 것조차 혼자 해결할 수 없다는 것이 괴롭고 쓸쓸한 기분마저 들게 했다.

딸이 오려면 며칠 더 기다려야 했다. 기다리면 되지만 내게 남은 며칠간의 시간을 포기할 수도 없었다. 머릿속은 온통 버튼 찾기로 꽉 차 있었다. 버튼을 찾지 못하면 아무것도 할 수 없을 것 같았다. 그 사이 운동은 하는 둥 마는 둥 건성이었다.

밤잠을 설치기에 이르렀다. 누워 있다 벌떡 일어나 종이를 꺼내 놓고 목욕탕 내부를 그렸다. 냉탕의 구조를 잘 살펴보았다. 그동안 기역자 돌벽 주변만 끊임없이 더듬었다. 꼭 그곳에 있을 것만 같아 부실한 눈 탓만 했다. 방향을 바꿔 볼 생각조차 하지 못했다. 내가 미처 생각지 못한 곳에 있을 수 있다는 것을 깨닫는 데 일주일 가까운 시간이 흘러갔다.

날이 밝기를 기다려 평소보다 일찍 헬스장으로 갔다. 유연하지 못한 나는 스스로 정해 놓은 규칙도 깨지 못한다. 밤새 버튼 찾기에 그만큼 고심을 했으면 하루쯤 운동을 쉬고 사우나로 바로 가도 되었지만 그러지 못했다. 온통 버튼 생각뿐이었으나 운동을 마치고 사우나에 갔다.

지난밤 머릿속에 저장해 둔 냉탕 구조를 찬찬히 생각해 보았다. 여태까지 더듬었던 곳은 제외시키고 심리적 시야를 전방위로 확장시켰다. 물리적 시야가 좁은 탓에 고개와 몸을 함께 돌려야 한다. 그래도 버튼은 보이지 않았다. 대체 어디 숨어 있는 것일까? 왼쪽으로 방향을 바꾸었다. 위에서 아래로 시선을 내렸다. 녹차탕과 경계를 짓는 유리 칸막이 아래 뭔가 보였다. 단추 모양의 버튼은 그곳에 앙증맞게 붙어 있었다. 검지로 빨간 단추를 눌렀다. 천장에서 물이 콸콸 쏟아져 내렸다. 새로운 경험을 위해 투자한 시간이 꽤 길었지만 그래서인지 짜릿함은 더 크게 다가왔다.

그 기분도 잠시, 이내 마음이 착잡해졌다. 내가 세상 속에서 버튼을 찾는 일이 남들보다 턱없이 많은 시간이 걸리는 것은 당연한 일이다. 그것을 인정한다면 조금은 편해질 것 같다. 알량한 자존심은 다른 일에 세워도 충분하리라. 그동안 내 힘으로 어쩔 수 없는 것까지도 틀 속에 가둬 놓고 끙끙대며 살았다.

스스로 만들어 놓은 틀을 이제라도 깨트려야 할까 보다. 유연하지 못한 나의 생각을 지금이라도 조금씩 말랑하게 바꿔가야겠다. 지금의 나를 있는 그대로 받아들이면서 세상을 향해 손을 내밀어 보리라.

# 떼창

관중이 빼곡히 들어선 공연장에 열기가 가득하다. 텔레비전 화면으로 봐도 느껴질 정도다. 무대 위에 서 있는 가수의 뒷모습에서 파르르 전율이 이는 듯하다. 실루엣 너머 관객들이 무대를 향해 그의 노래를 열창하고 있다.

내한공연 중인 외국가수는 관객 모두가 입을 모아 자신의 노래를 부르는 것을 보고 감격해 마지않는다. 모국어도 아닌 외국어 노래를 더구나 간주곡까지 완벽하게 흥얼거리는 광경에 넋을 잃은 것 같다.

유명한 외국가수가 우리나라에서 공연을 하고 나면 꼭 다시 오고 싶어 한다는 말을 들었다. 한국 팬들이 자신의 노래를 떼창으로 불러주는 것을 잊지 못하기 때문이란다. 비싼 입장료를 주고 공연장까지 가는 사람들은 그 가수의 열렬한 팬이고 '팬심'은 떼창으로 위력을 발휘한다. 우리나라에만 있는 공연 문화이다.

무대에 선 가수 입장에서 사람들이 자신의 노래를 소리쳐 부르며 열광한다면 얼마나 신이 날 것인가. 어느 곳을 다녀도 보지 못한 특별한 호응에 신명을 다할 것은 자명한 일이다.

예로부터 우리는 신명이 많은 민족이었다. 농사를 지을 때도 땅을 밟으며 춤추고 노래했다는 기록이 있고, 관광버스에서 가무를 즐기는 '흥부자'들을 봐도 그렇다. 여러 사람이 함께 노래한다는 것은 열망을 담아 한곳을 향하는 것이며 무대에 있는 사람을 힘껏 응원한다는 뜻이다.

민족의 기질 중에 함께 부르는 노래 하나로 이목을 집중시킬 수 있다는 것은 대단한 장점이 아닌가 싶다. 문제가 일어났을 때 해결책이 될 수 있을 것도 같다. 무대 위에서 열창하는 외국 가수와 무대 아래서 목이 터져라 함께 부르는 관중을 보면서 지금 우리에게 필요한 것은 바로 저런 모습이 아닐까 하는 생각이 든다.

언제부터인가 주변을 둘러보면 좋은 일이라고는 별로 없다. 물가는 소리 없이 치솟고, 한창 일을 해야 할 청년들은 취직이 쉽지 않아서 평생 정규직이 되지 못하고 계약직으로 살아야 할지도 몰라 힘겨워한다. 상인들은 장사를 접어야 할지 업종을 바꿔야 할지 마음이 갈팡질팡한다. 이렇듯 소시민들은 사는 것이 그저 버거울 뿐이다.

이뿐이랴. 세대 간의 갈등을 넘어 젊은이들 사이에서는 성별의 갈등마저 생겨났다고 한다. 이런 풍조가 전부가 아닌 일부라 하더라도 심각한 일로 다가온다. 자고로 젊은 남녀란 서로 끌어당기는 힘이 있어 세상을 이루고 세대를 이어왔다. 서로 등을 돌리고 연애도 결혼도 아이도 낳지 않겠다고 하면 앞으로 우리나라가 어떻게 될지 심히 염려스럽다.

갈등은 분열을 낳고 사는 것에 흥미를 잃은 사람들은 무기력증에 빠진다. 지구촌 어디라도 사람 모인 곳이라면 갈등은 생기기 마련이지만 어떤 식으로든 해소시키며 살아가야 하는 것이 현재를 살고 있는 우리들의 숙제가 아닌가 싶다.

총선을 앞두고 뉴스는 온통 선거 이야기로 도배 중이다. 예비 후보자들은 자신을 알리느라 동분서주하며 꽁지가 빠지게 뛰고 있다. 고향을 떠나 있어 한 표를 행사할 수도 없는 내게, 고향의 후보는 날마다 장문의 문자를 보내온다. 문자의 내용처럼 정말 그렇게만 되면 더 바랄 것이 없을 것 같다.

순자가 말하기를, 나라가 어지러운 것이 아니라 정치가 어지러운 것이라 했다. 아름다운 정치는 어떤 것일까. 초심을 잃지 않고 본질에 충실한 것이라 여긴다. 그리하여 백성이 두루두루 편안하게 잘 살 수 있다면 좋으련만 그게 쉽지가 않은가 보다. 복잡한 세상을 살면서 물정 모르는 소리 한다고 나무랄지 모르겠으나 기본적인 욕구가 해결되지 않으면 청년들은 청년들대로 상인은 상인들대로 살아갈 힘을 잃어버릴 것 같아 걱정스럽다. 내 주변이 잘되어야 나도 좋고 너도 좋은, 그래서 우리가 행복해진다는 것을 알기 때문이다.

신명을 외국가수의 공연장에서만 풀어낼 것이 아니라, 대한민국이라는 무대를 향해 떼창을 부를 수 있게 해야 할 때이다. 청년들에게는 신나게 일할 수 있는 자리를, 상인들에게서는 흥겨운 콧노래가 흘러나오는 세상을 만들어 줄 그런 아름다운 힘을 가진 정치가는 어디 있을까.

4년 후, 다시 돌아와도 그의 노래에 떼창으로 화답할 수 있는 정치가가 있다면 정말 행복할 것 같다. 우리 모두에게 신명을 찾아주고 흥겨운 세상을 만들어 줄 그런 사람.

# e-편한 세상

기가 찼다. 방금 전까지 손에 들고 있던 휴대전화기가 없어졌다. 감쪽같이 사라져 버렸다. 친구들과 점심을 먹으러 가면서 차 안에서 통화를 하였고 차에서 내려 서너 발짝 걸어서 들어간 식당이었기에 차 안에 없으면 식당에 있어야 마땅했다. 그러나 전화기의 행방은 묘연했다.

이 시대를 사는 우리에게 휴대전화기의 부재란 모든 것과 철저하게 단절된다는 의미를 가진다. 무인도에 갇힌 듯 고립되어 버린다. 전화기가 사라지고 한 시간밖에 지나지 않았는데도 갑갑하기가 이루 말할 수 없었다. 아니, 그것이 사라진 그때부터 불편함은 바로 시작되었다.

휴대전화기의 급속한 발달은 사람과 사람의 목소리를 이어주는 역할은 기본이고 세상을 손안에서 들여다볼 수 있게 진화되었다. 나를 둘러싼 주변이 대부분 그 속에 들어 있다. 인터넷까지 가능하게 되었으며 은행 볼일도 휴대전화기로 해결이 되었다. 제대로 몰라 알뜰히 사용하지 못하는 것일 뿐, 알고 보면 그 속에 신세계가 기득하기에 현대인들에게 이보다 더 좋은 기기는 없을 것 같다.

이렇게 편리한 세상을 살아가고 있긴 하나 편리함에 대한 대가를 꼼짝없이 치러야 한다. 당장 세상과 소통할 수 없는 일도 일이지만 잃어버린 것을 찾지 못하면 새로 개통을 해야만 한다. 전화기는 개통한 지 두 달이 채 되지 않았다. 한두 푼이 아닌 스마트한 기기의 값을 떠올리자 속이 있는 대로 타들어 갔다.

유래 없는 폭염은 연일 이어져 조금만 건드려도 폭발할 지경이었다. 아스팔트의 지열은 삼겹살이라도 익혀낼 기세였다. 우선 마음을 가라앉히고 일의 순서를 생각했다. 친구의 전화기를 빌려 분실신고를 하고 함께 들어있던 신용카드도 잃어버렸다고 카드사에 알렸다. 번거롭고 짜증이 났지만 누구를 탓하겠는가.

행방을 알 수 없는 전화기 때문에 시든 배추 잎이 되어 집으로 돌아왔다. 당장 다음 날의 일정이 어그러질 판이다. 요일만 정해 놓고 시간과 장소는 정해 놓지 않은 약속이 문제였다. 상대가 연락을 해도 연결이 되지 않을 것이다. 일정표도 전화기 속에 몽땅 들어있다. 문자를 보낸 사람도 전화를 건 사람도 연락이 되지 않는다고 갸웃거릴 것이다. 나는 나대로 아무것도 할 수 없다는 무력감에 빠져들었다.

책상에 턱을 괴고 멍하니 앉아있는데 집 전화가 울렸다. 전화기를 주운 사람이 신분증의 주소를 보고 연락을 한 것이다. 죽은 사람이 살아난 듯이 기뻤지만 뒤이어 들려온 말은 전화기가 형편없이 망가져서 제 구실은 못할 것이라고 한다. 찰나의 순간에 천당과 지옥을 오갔다. 카드와 신분증이라도 찾아가란다. 정신이 반쯤 나갔던 나는 신분증을 함께 넣어놓은 사실도 그제야 깨달았다.

전화기는 차에서 내릴 때 길에 떨어뜨렸는데 그 위로 차가 지나갔던 모양이다. 처참하게 망가진 채로 돌아왔다. 액정 화면은 문을 굳게 닫고 속을 보여 주지 않았다. 아무도 접근할 수 없는 섬이 되어버렸다. 혹시나 하는 마음에 수리 센터에 가지고 갔지만 회생불능이라고 한다. 파손 정도에 따라 교체 폰을 받을 수 있지만 내 전화기는 '완전 파손' 판정을 받았다.

며칠 후, 곡절 끝에 전화기를 바꿔 받을 수 있었다. 새로 구입하지 않아도 되어 그나마 위안이 되었다. 다행히 망가진 전화기 안에 들어 있던 모든 정보를 고스란히 옮겨올 수 있었다. 휴대전화기가 없던 며칠이 얼마나 갑갑했는지 모른다. 예전에 쓰던 수첩을 꺼내 놓고 기억을 더듬어 보았지만 제대로 기억하고 있는 전화번호는 거의 없었다. 편리함은 사람의 기억력을 도태시키고 있었다.

우리나라는 IT강국이다. 얼마나 빠르게 변화하는지 자고 일어나면 새로운 전자기기들이 홍수를 이룬다. 예전의 일들이 한 세기나 거슬러 올라간 것처럼 까마득한 기억 속에서 가물거린다. 되짚어보면 그다지 오래된 시간이 아닌데도 그런 기분이 든다. 전광석화처럼 빠른 속도에 밀린 탓이다. 편리한 세상에 길들여진 이 시대의 사람들과 함께하려면 혼자 역행할 수도 없다. 하지만 휴대전화기가 없던 며칠 동안 생각이 많았다.

'노모포비아'는 '노 모바일 폰 포비아no mobile phone phobia'의 줄임말이다. 휴대전화를 소지하지 않았을 때 느끼는 공포를 뜻한다. 노모포비아의 대표적 증상으로는 권태, 외로움, 불안함을 들 수 있다. 이 증후군에 해당 될 만큼은 아니나 섬에 갇힌 듯 며칠 동안 외롭고 불안했다.

사람들 대부분이 스마트폰을 사용하고 있다. 처음에는 기능이 복잡하여 중장년층은 이 휴대전화기를 기피했지만 차츰 편리함에 매료되어 이제는 없는 사람이 없을 정도다. 이렇듯 휴대전화기 하나에 많은 것을 담아서 생활하고 있는데 어느 날, 전파를 발사하는 기지국에 문제가 생긴다면 어떻게 될까? 개인이 분실을 하거나 파손이 되었을 때 잠시 불편하고 갑갑한 것과는 차원이 다른 크나큰 문제가 생길 것이다.

올 여름만큼 더운 적은 없었다. 일찍이 경험해 본 적 없는 폭염으로 전력수급에 문제가 생겼다. 전기 공급이 중단된 곳이 있었다. 냉장고가 꺼지고 에어컨도 멈추었다. 직접 당해보지 않았지만 상상만으로도 공포가 밀려온다. 모든 것이 멈춰버린 암흑

천지에서 폭염과 싸운다는 것은 끔찍한 일이 아닐 수 없다. 편리함의 극점에 재앙이 함께 있는 것 같아 불안한 마음을 지우기 힘들다.

세상은 노모포비아를 만들어 놓기만 할 것이 아니라, 불통이 되었을 때 세상과 어떻게 소통하고 대처해야 하는지 지침서 또한 만들어주어야 마땅하지 않을까.

# 반려 叛戾

병원에 계신 어머님을 뵈러 가는 길이었다. 이른 시간이라 그런지 도로는 한산했다. 간밤에 잠을 설친 남편이 '졸음쉼터'에서 잠시 쉬어야겠다고 차를 세우는데 앞서 달리던 차도 저만치에서 멈췄다. 잠시 후 문이 열리고 하얀 털이 북슬북슬한 강아지가 폴짝 뛰어내렸다. 무심코 바라보던 나는 강아지와 눈이 마주쳤다. 강아지는 좌우를 살피더니 이내 앞을 향해 달렸다. 강아지를 내려놓은 차는 유유히 사라졌다.

눈앞에서 순식간에 일어난 일이라 어안이 벙벙했지만 나는 반려伴侶견을 반려叛戾하는 현장을 목격한 것이다. 운전석에 기대어 눈을 감고 있는 남편에게 호들갑스레 말을 하니 대뜸 차량번호를 봤느냐고 물었다. 그러나 내 눈에 남아있는 영상은 털이 하얗고 눈이 까만 강아지 한 마리뿐이었다. 저 강아지는 왜 낯선 길에 버려진 것일까.

개는 사람과 무척 친숙한 동물이다. 그러기에 사람들과 늘 함께 지내지만 시대에 따라 그 모습이 많이 달라졌다. 내가 자랄 때는 마당에서 개를 키웠다. 집에서 키우는 개는 낯선 사람이 얼쩡거리면 목청껏 짖어 파수꾼 노릇을 했고, 개구쟁이 동생들의 친구가 되기도 했으며 사람이 먹다 남긴 음식을 먹고 살았다.

지금은 대부분 집안에서 키우다 보니 작고 귀여운 강아지들이 사랑을 받는다. 먹이도 예전과 달리 전용 사료만 먹인다. 때맞춰 예방접종을 해 주고 옷도 입힌다. 털이 길면 전용 미용실에 가서 잘라준다. 아기 한 명을 키우는 것과 별반 다르지 않다.

집을 지키던 개가 사람과 밀착된 생활을 하면서 재롱을 부리니 애완견이 되었고 이제는 '함께하는 짝'이라는 뜻으로 반려伴侶로 불리게 되었다. 애완에서 반려로 지위가 격상되었지만 길에 반려反戾되는 경우도 심심치 않게 있는가 보다.

유기된 동물을 보호하는 기관에서는 대신 맡아 줄 사람이 나타나지 않으면 일정기간 동안 보호한 후에 안락사 시킨다는데 그 기간을 단축할 것이라고 한다. 들어오는 동물이 많아 감당할 수가 없다는 것이다. 좋다고 키울 때는 언제고 이렇게 버려져서야 될 일인가 싶다. 누렁이, 맹순이, 콩이는 내가 어릴 적에 우리 집에서 키우던 개들이다. 함께 살다 명이 다해 저 세상으로 간 녀석도 있고 쥐약을 잘못 물어 짧게 살다 간 녀석도 있었지만 내치지는 않았다.

작은딸은 어릴 때부터 곤충이나 동물에 관심이 많아 병아리나 햄스터, 금붕어 등을 키웠다. 다 자라서도 강아지나 고양이를 키우자고 한동안 노래를 불렀다. 가족 모두가 반대를 하니 더 이상 조르지는 않았지만, 친구 집의 강아지를 보고 온 날이면 종일 강아지 이야기만 했다.

좋아한다는 이유로 동물을 쉽게 집에 들이지만 막상 키워보면 감당해야 할 일이 더 많았다. 금붕어 한 마리도 제대로 돌보지 않으면 금세 이별의 날이 찾아왔다. 그럴 때마다 아이는 많이 힘들어했다. 추위에 화초가 얼어 죽어도 마음이 편치 않은데 눈 앞에서 종종대고 꼼지락대던 생명과의 별리는 더했다. 잘 돌봐 줄 수 없다면 쉽게 키울 생각 하지 말라고 아이를 타일렀다.

요즘처럼 집안에서 동물을 키우면 정이 들어 가족 못지않다고 한다. 심지어 감정을 나누기까지 한다니 어쩌면 그럴 수도 있겠다 싶다. 실수로 잃어버리기라도 하면 발을 동동 구르며 애를 태우고 사진이 담긴 전단지를 전봇대에 붙여 놓기도 한다. 십수 년을 함께 살다 떠나고 나면 한동안 힘들어하는 이웃도 보았다. 하지만 남의 집 앞에 버려두고 안락사 시켜달라는 메모를 남긴 매정한 주인도 있다. 버려진 줄도 모르고 그 자리에 망부석이 되어 하염없이 주인을 기다리는 개를 본 적도 있다.

요즈음의 반려 동물들은 안락한 환경에서 사람에게 보호받으며 온실의 화초처럼 살고 있다. 그러기에 야생에서 살 때보다 수명은 길다고 한다. 평생을 그렇게 살다 가면 좋겠지만 낯선 길에 놓인 강아지처럼 난데없이 버려지면 어쩌란 말인가. 끝까지 책임질 수 없다면 함부로 들여서는 안 될 일이다.

태국에는 '코끼리 실버타운'이 있다. 일생 사람들을 위해 재주를 부리다 노쇠하여 더 이상 무대에 설 수 없게 되면 편히 쉴 수 있는 실버타운으로 자리를 옮긴다. 그곳에서는 늙고 병든 코끼리를 위해 사람이 때맞춰 끼니를 챙겨주고 병에 걸린 코끼리를 치료해 주며 정기적으로 연못에서 목욕도 시킨다. 그렇게 노년을 보내다가 자연사로 생을 마친다. 사람들을 위해 일생을 살았으니 마지막은 사람이 책임져 주는 것이 마땅한 일이라 여겨진다.

아무것도 모른 채 차에서 뛰어내린 강아지는 어디로 갔을까. 반려견이 반려되는 현장을 보면서 나 또한 도리에 어긋나는 일을 무심히 행하고 있지나 않은지 되돌아보게 된 날이었다.

4부

# 꿈꾸는 방

내가 꼭대기 다락방에서 벗어나고 싶었던 것은 그곳에서 꾸었던 꿈을 땅위에서 이루어 보려는 몸부림이었다. 다락방은 알게 모르게 나를 강인하게 키워 세상 밖으로 내보내준 둥지 같았다. 반지하 셋방 역시 그 안에 사는 딸아이를 지상으로 올려 보내야 하는 소명을 가진 이 시대의 다락방이 아닐까 싶다. 생각의 키를 키워주던 다락방이 한때는 고치처럼 갑갑하게 느껴지기도 했지만 그곳에서 꿈을 꾸었기에 가능했던 것들이 있었다.

# 모녀사전母女思傳

횟집에서 뜻밖에 장어국을 먹게 되었다. 매운탕 대신에 나온 것이었다. 진한 국물에 거섭이 많이 들어간 국은 어머니 손맛이 났다. 고향에서는 장어국을 여름 보양식의 으뜸으로 쳤다. 남편은 어머니가 끓여준 장어국을 먹을 때마다 땀을 뻘뻘 흘리며 장모님 장어국이 최고라며 엄지를 치켜세우곤

했다.

남편이 좋아하고 내가 더 좋아하는 장어국은 친정에나 가야 먹을 수 있는 특별식이라고 여겼다. 횟집에서 장어국을 먹어 본 이후 그제야 직접 만들어 봐야겠다는 생각이 들었다. 혀끝에 남아 있는 기억을 더듬어 시도를 해보았으나 만들어 본 적 없는 음식은 흉내만 낸 꼴이 되었다. 보기에는 그럴싸했지만 맛은 아니었다. 어머니에게 제대로 배워 비법을 전수받아야겠다고 결심했다.

그동안 나도 참 무심했다. 어지간한 것은 얼추 꿰고 있어야 마땅하지만 할 줄 아는 것이 별로 없어 스스로에게 민망한 적이 한두 번이 아니다. 어쩌면 아직도 믿는 구석이 있어 그런지도 모른다. 하지만 지금부터라도 자신에게 부끄럽지 않도록 해야 한다. 내게는 과년한 딸이 둘이나 있기 때문이다.

근래에 들어 어머니에게 자주 전화를 넣는다. 안부를 겸하지만 묻고 싶은 게 많은 까닭이다. 음식의 비법을 알고 싶을 때는 '어머니 사전'만 한 게 없어서다. 수화기 너머에서 구술되는 어머니 사전은 언제나 막힘이 없다. 어머니 사전을 잘 들여다본다 해도 단번에 간을 맞추고 구수한 맛에 깊은 맛까지 우러나오게 하기란 쉬운 일이 아니다. 아무래도 곰삭은 연륜이 한 움큼 들어가야 제맛이 난다.

구술사전은 요리책이 되기도 하고 때로는 도리의 기준이 애매할 때 자문 역할도 한다. 내 깜냥으로 해결되지 않는 것들이 어머니를 통하면 의외로 쉽게 풀릴 때가 있다. 어머니 사전은 날이 가고 달이 갈수록 소중하게 다가온다.

다소 늦은 나이에 결혼하여 신접살림을 차렸을 때 밥때마다 반찬 만들기가 어려운 숙제를 앞에 둔 것처럼 힘들었다. 직장생활만 하다 결혼을 했기에 할 줄 아는 게 별로 없었기 때문이다. 외딸이라고 어머니는 일을 시키지도 않았다. 알고 있는 것과 모르는 것은 하늘과 땅 차이였다.

갓 살림을 차린 단칸방에 전화가 있을 리 없었다. 시집보낸 딸이 걱정된 어머니는 밑반찬을 바리바리 싸서 불쑥 찾아오셨다. 저녁 준비를 하느라 꼼지락대고 있는데 갑자기 나타난 어머니가 얼마나 반갑던지 눈가가 지짐거렸다. 제대로 가르쳐서 보내지 못한 것을 내심 후회하고 계셨던 것일까. 맏이를 피해서 보내고 싶어 했지만 일머리도 잘 모르는 맏며느리가 되었으니 그 마음이 오죽했으랴.

시간이 지나자 조금씩 나아지긴 했으나 전화가 들어오고부터는 시시때때 어머니 사전을 이용하게 되었다. 그래도 경험이 부족한 탓인지 양념은 겉돌고 맛이 제대로 나지 않았다. 직장 일에 지쳐 간단하게 먹거나 외식을 자주하게 되어 음식 솜씨는 더 이상 늘지 않았다. 들쩍지근한 조미료에 길들여진 내 입맛은 어머니의 묵은 음식이 썩 맛있게 느껴지지도 않았다.

시간을 쪼개서 살아도 헉헉대던 때는 한끼 식사를 준비하는 시간이 아깝게 느껴졌다. 자연스레 초간편식으로 끼니를 때우는 일이 많았다. 환경이 바뀌자 입맛도 바뀌었다. 요즘은 옛날 두레상에서 먹었던 어머니 밥상이 자주 떠오른다.

직장을 다니느라 객지에 있는 딸은 가끔씩 밥 때문에 힘들다는 말을 한다. 편의점 음식은 물려서 더 이상 못 먹겠다는 것이다. 제 어미가 끓여준 미역국이나 된장찌개, 나물무침이 자주 생각난다고 한다. 시간 날 때 엄마가 일러준 대로 만들어 보지만 맛이 신통치 않다며 투정을 부린다. 예전에 내가 그랬듯이 손맛도 세월과 함께 시나브로 깊어 간다는 것을 딸은 아직 모른다.

자랄 때 어머니가 주변을 지나치게 챙기고 베푸는 것을 못마땅하게 여겼다. 얄팍한 주머니 사정을 뻔히 알기 때문에 그러지 마시라고 말리기도 했다. 그럴 때마다 어머니는 조금 밑진다 생각하고 살면 매사 편안해진다며 제 것만 아는 사람이 되어서는 안 된다고 했다. 나는 기본적인 인사치레만 겨우 하며 사는데도 딸의 눈에는 과하게 보일 때가 있는 모양이다. 꼭 그렇게 해야 하는 것이냐고 묻곤 한다. 세상의 크기가 제 나이만큼 보인다는 것을 내가 젊을 때는 몰랐다. 지금 딸이 보는 세상도 그럴 것이다.

딸을 출가시킬 때가 되자 주위에서 들리는 뉘 집 며느리 이야기에 귀기울이게 된다. 알아두면 좋을 이야기는 마음에 담아 두었다가 기회가 되면 무심한 척 지나가는 말로 들려준다. 보고 자라지 못하고 들어본 적이 없어서 도리에 어긋나는 일을 할 때가 있지 않던가.

장바구니를 챙겨 시장으로 간다. 지난번보다 감칠맛 나는 장어국을 끓이기 위해 마음을 내었다. 장어국은 만드는 과정이 여간 번거로운 게 아니다. 시간도 많이 걸리는 슬로푸드이기에 자주 해 먹기 쉽지 않지만 장모님 장어국이 최고라고 엄지를 추어올리는 남편처럼, 멀지 않은 날 나도 그런 장모가 되기 위해 번거로움을 자처하는 것이다.

# 꿈꾸는 방

취업준비생 딸아이가 단봇짐을 싸서 집을 떠났다. 그동안 학교 다니느라 객지에서 고생했는데 또 그 길을 가려는 것이다. 집에서 엄마가 해 주는 밥 먹고 다니면 좀 좋으냐고 구슬려 보았지만 딸은 해보고 싶은 일을 해야 후회하지 않을 거라며 고집을 부렸다. 자식 이기는 부모 없다더니 나라고 예외는 아니었다. 딸아이는 두어 달 워밍업을 하듯 친구 집에서 지내더니 일자리를 찾게 되어 직장 가까운 곳으로 방을 구하게 되었다.

딸은 전철역과 가까워야 하고 깨끗하며, 좁지도 않고 비싸지 않은 방을 구하고 싶다고 했다. 그것은 마치 잘생기고 성격 원만하고 돈도 많으며 능력까지 두루 갖춘 신랑감을 찾는 것과 같은 일이었다. 그런 조합은 이 세상에 흔치 않다. 생활하기 편하면 집값은 턱없이 비싸고 방은 손바닥만 했다. 큰길과 멀어질수록 세가 싼 대신 밤길이 위험하고 출근시간을 맞추기 위해 아침마다 뛰어야 했다.

발품을 팔아 겨우 구한 셋방은 월세와 관리비가 만만치 않았다. 내 마음을 알아차린 딸아이가 이 정도면 저렴한 편이라며 엄마가 이곳 물정을 잘 몰라 그렇다고 조심스레 말을 했다. 하지만 매달 고정적으로 들어가는 비용을 생각하니 머릿속이 복잡해졌다. 아직 수습사원의 딱지도 떼지 못한 사회초년생 딸이 감당하기에 벅차게 느껴졌다.

임시로 지내던 친구 집에서 이사를 하던 날 나도 상경을 했다. 밥그릇 하나 수저 한 벌 없는 살림살이를 채워 줘야 했다. 말로

만 들었을 때는 조건이 괜찮은 것 같아 기연미연했던 마음을 잠시 내려놓았다. 그런데 막상 가보니 계단을 여섯 개나 내려가야 하는 반지하에 있는 방이었다. 이렇게라도 이곳에 있고 싶은 것일까.

딸은 서울에 있는 대학에 가려고 애를 썼으나 뜻을 이루지 못했다. 이루지 못한 꿈은 아쉽고 미련이 남는다. 졸업 후에 직장은 서울에서 구하겠다며 준비를 해 왔던 모양이다. 그렇게 가고 싶었던 곳이니 반지하인들 무슨 상관이랴. 끼어들려는 걱정을 가만히 접어 버렸다. 부딪쳐 보는 것도 젊으니까 가능한 일 아니겠는가.

나는 꽤 일찍부터 내 방을 가질 수 있었는데 여자 형제 없이 남동생만 있어서였다. 방이라 해봤자 지붕이 더 가까운 어두컴컴한 다락방이 고작이었지만 그곳에서 나는 참 많은 꿈을 꾸었다. 천장이 낮고 좁은 방이었으나 그때는 비좁다고 생각해 본 적이 없었다. 상상의 나래를 마음껏 펼 수 있는 나만의 공간은 아무리 작고 허름해도 지상의 천국이었다.

이부자리와 앉은뱅이책상 하나가 전부였다. 알전구를 켜놓고 일기를 쓰거나 책을 읽고 책에서 베낀 명언을 벽에 붙여 놓고 다시 읽어보는 일이 무척 즐거웠다. 누구의 방해도 받지 않는 나만의 공간이 있다는 것이 내 세계를 풍성하게 만들어 주었다. 책 속에서 만난 새로운 세상으로 밤마다 여행을 떠났다. 알프스의 소녀가 되기도 했고, 밤하늘의 별을 헤며 시인을 그리워하거나 탐험가가 되어 낯선 곳으로 용감하게 길을 떠나기도 했다. 하지만 사춘기를 지나면서부터 꼭대기 다락방이 갑갑하고 불편해지기 시작했다. 키가 자라고 머리도 굵어지자 다락방은 더 이상 내가 꾸는 꿈을 담지 못할 지경이 되었다. 어떻게 하면 이 방을 벗어나 아래로 내려갈 수 있을까 끝없이 고민했다.

딸의 방은 두더지가 파다 만 것 같은 반지하 셋방이지만 그 시절 내 방에 비하면 비교할 수 없을 만큼 훌륭하다. 침대와 옷장, 냉장고와 세탁기까지 갖추었다. 그러나 생각 없이 일어서다 머리를 쿵 박고 마는 꼭대기 다락방이나 일어서면 가슴 아래는 땅속에 묻혀 있는 듯한 지하 방이나 별반 다를 게 없어 보인다. 방에 딸린 '편리'는 다달이 비싼 사용료를 내야만 한다.

내가 취업할 시절만 해도 대학졸업장만 있으면 몇 군데의 대기업 합격증을 들고 어느 곳을 선택할지 고민하던 시절이었다. 지금은 딴 세상이 되었다. 요즘 청년들에게 좋은 직장 구하기는 얼음산을 오르는 것만큼 쉽지 않다. 운 좋게 올랐다고 해도 마음을 놓지 못한다. 동료들에게 뒤지지 않기 위해, 미끄러지지 않기 위해 안간힘을 써야 한다. 딸아이는 지금 한 치의 실수도 허락지 않는 각박한 곳에서 날개를 펴려고 파닥이고 있다. 제 딴에는 애를 쓰고 있지만 그 자리가 언제까지 유효한지 아직 알 수 없는 노릇이라 안심하기엔 이르다.

무한경쟁의 트랙을 돌고 있는 딸이 이 방에서 어떤 꿈을 꾸며 살아갈지 궁금하고 걱정도 된다. 한동안은 자신만의 공간에서 행복한 꿈을 꿀 테지. 그러다 습기 먹은 날개에 진저리를 치며 넘어지기도 하고 더 힘껏 날아오르려고 용을 쓰게 되리라.

비록 지상이 아닌 지하에 있는 방이지만 언제나 새로운 아침을 맞이하는 방, 넘어졌을 때 무릎 툭툭 털고 다시 일어서는 방, 슬플 때 마음껏 울 수 있는 방, 기쁠 때 소리 내어 웃을 수 있는 방, 그래서 보다 멀리 날아오를 수 있는 방이 되었으면 좋겠다. 당장 눈앞에 보이는 것들은 삶이 변주될 때마다 밀물이 되기도 하고 썰물이 되기도 한다. 대신 꼭 이루고 싶은 꿈은 어떤 난관에도 쉬 흔들리지 않을 것이라 믿는다.

내가 꼭대기 다락방에서 벗어나고 싶었던 것은 그곳에서 꾸었던 꿈을 땅위에서 이루어 보려는 몸부림이었다. 다락방은 알게 모르게 나를 강인하게 키워 세상 밖으로 내보내준 둥지 같았다. 반지하 셋방 역시 그 안에 사는 딸아이를 지상으로 올려 보내야 하는 소명을 가진 이 시대의 다락방이 아닐까 싶다. 생각의 키를 키워주던 다락방이 한때는 고치처럼 갑갑하게 느껴지기도 했지만 그곳에서 꿈을 꾸었기에 가능했던 것들이 있었다.

딸의 지하 셋방에 앉아서 오랜 세월 잊고 지냈던 나의 다락방을 추억한다. 내가 나의 다락방을 기억하듯 먼 훗날 딸아이도 지상에 오르기 위해 젊음을 보냈던 지하 셋방을 기억하게 될 것이다. 그때가 생의 봄날을 위한 꿈꾸는 시간이었다고.

# 노블레스 노마드

올여름 같은 무더위는 난생처음이었다. 가을을 맞이할 수나 있을까 내심 조마조마했다. 언젠가부터 변화되어 가는 우리나라 기후가 가을로 넘어갈 것 같지가 않아서였다.

우려와 달리 가을은 영화의 장면이 바뀌듯 찾아왔다. 무더위 끝에 맞이한 가을이 고맙기까지 했다. 간사한 것이 사람의 마음이라 한창 더울 때는 선선하기만 하면 만사가 해결될 것 같았는데 바람이 부니 어디든지 떠나고 싶어 견디기가 힘들었다. 방랑벽은 세월이 흘러도 고쳐지지 않는 불치병이 되었다.

가을 초입에 들자마자 강진의 다산초당과 땅끝 마을, 보길도를 다녀왔다. 한여름 타던 목마름이 조금은 해갈된 듯했으나 약발은 며칠 가지 않아 시부지기 기운을 잃었다. 그렇다고 마음 끌리는 대로 매번 집을 나설 수는 없는 일이다. 그럴 때마다 부초처럼 떠다니는 마음을 주저앉히는 방책을 편다. 텔레비전에서 보여주는 여행 프로그램이다. TV 앞에 앉아 세계 곳곳의 비경을 보며 대리만족을 느낀다.

노블레스 노마드는 명품이나 골동품 같은 물건을 소유하는 대신 여행이나 레저, 공연 관람 등 무형의 경험을 수집하는 새로운 소비자층을 말한다. '귀족적'이란 단어가 나와는 무관하지만 명품 가방이나 값비싼 골동품을 가지고 싶은 욕구보다 여행이나 좋은 공연 관람에 관심이 많다.

평소 관심을 가지고 있는 연주자가 이곳에 오면 챙겨 보려고 애를 쓰고 좋은 전시회가 열리면 짬을 낸다. 멋진 연주회의 여운은 생각보다 오래 남고, 좋은 작품을 감상하고 나면 한동안 충만

한 마음으로 일상을 엮어 갈 수 있어서 좋다.

한창 나다닐 때, 공항에서 다른 사람들은 면세점의 명품을 사려고 기웃거릴 때도 나는 관심이 없었다. 짐을 지키고 앉아 머릿속으로 다음 여행지를 계획하곤 했다. 낯설고 신기한 것에 대한 끝없는 호기심이 나를 신세계로 이끌었다. 세상은 넓고 가봐야 할 곳은 너무나 많았다.

실크로드를 따라 혜초가 지나갔다는 타클라마칸, 그곳의 사막에서 바라보는 별은 유난히 크고 빛난다고 했던가. 속 깊은 대화를 나눌 수 있다는 바이칼 호수, 일주일 동안 끝 간 데 없이 달린다는 시베리아 횡단열차, 캐나다 옐로나이프의 오로라를 볼 수 있다면……. 가보지 못한 곳에 대한 동경과 다녀온 곳에 대한 그리운 추억은 촉촉한 가슴으로 살아가는 데 충분한 에너지가 된다.

텔레비전 안에서 길을 걷고 있는 배낭객이 마치 나인 듯 넋을 놓고 바라본다. 육신은 여기 있어도 영혼은 저 속에 들어 있는 것처럼 자유롭다. 하늘빛과 물빛 그리고 풀빛이 저토록 매혹적일 수 있는 것일까. 자연이 가지는 고유의 빛깔은 사람이 만들어 낼 수 없는 색감이다. 바라보기만 해도 위로가 되는 기분 때문에 멋진 곳을 찾아 순간순간 길을 나서고 싶다.

비색을 지닌 고려청자와 같은 보물과 언제든 길 떠날 수 있는 카드 중 하나를 고르라면 나는 길손이 되기에 주저하지 않을 것이다. 아무렇지 않은 얼굴로 살고 있어도 누구나 그러하지 않다는 것을, 언제나 현실을 벗어나고 싶어 한다는 것을 안다. 앞앞이 말 못하는 살이의 버거움은 누구에게나 있기 마련이다. 그럴 때마다 더욱 유목민처럼 떠돌고 싶다.

사람은 추상명사로 살아간다고 한다. 샤넬 가방이나 고려청자와 같은 고유명사로 살아가는 게 아니라 외로움, 그리움, 사랑, 행복, 추억과 같은 명사로 삶을 꾸려간다. 그 속에는 보이지 않으나 가슴 에이는 진한 삶의 이야기들이 담겨 있다. 그 이야기들이 삶의 버팀목이자 생을 이어가는 징검다리가 아닐까.

길을 걷고 싶다. 길 위에서 만나는 고운 풍경을 눈에 담고 세상의 소리에 귀기울이며 그저 자연인 듯 그 속으로 스며들고 싶다. 유한한 시간 앞에서 얼마나 유효한 시간이 내게 남아있는지 헤아려본다. 곁에 있는 배낭을 끌어당긴다. 언제가 될지 기약 없는 여행 준비를 해 놓는다. 불현듯 떠날 수도 있기에 나의 배낭은 항상 대기 중이다.

가을, 떠나기 좋은 계절이다. 이 풍진 세상을 잘 견디려면 떠나고 싶을 때는 떠나야 할 것 같다. 내게 썩 어울리지 않는 '귀족적'이란 단어를 살짝 들어낸다. 나는 '소박한 유목인'이기 때문이다.

# 누군가는 떠나고 누군가는 남고

겨울비가 봄비처럼 살금살금 내리더니 비 그친 아침이 어찌나 싱그러운지요. 양지바른 어디쯤엔가 봄꽃이 고개를 쏘옥 내밀 것만 같은 날입니다.

미뤄뒀던 볼일을 보러 집을 나섭니다. 한동안 몸과 마음이 함께 추워서 웅크리고 있었거든요. 밖에 나오니 햇살이 따사롭습니다. 우체국에 들러 친구에게 책을 부치고, 동사무소에서 서류를 떼고, 빌린 책을 반납하러 도서관에 들립니다. 도로를 건너 꽃가게 앞을 지나는데 벌써 색색의 꽃을 피운 작은 화분들이 발길을 멈추게 하네요. 제 마음은 아직도 시린데 봄이 곧 오려나 봅니다.

마음을 터놓고 지내던 오랜 친구가 제 곁을 떠났습니다. 사소한 일로 비롯된 오해는 얽히고설켜서 실마리를 찾을 수가 없더랍니다. 오해를 풀지 못한 채 떠나 버려서 안타까웠으나 어쩔 수 없는 일이 이렇게도 일어나는구나 싶었습니다. 한동안 마음을 다독이느라 힘겨웠지만 우리의 인연은 여기까지라고 여기기로 했습니다.

요즘 들어 겨울하늘이 얼마나 아름다운지요. 바라보기만 해도 회색빛 마음에 새파란 물이 스며드는 것 같아 기분마저 상쾌해집니다. 빈 가지 끝에 걸린 낮달이라도 보이는 날이면 그저 내 마음도 저 하늘처럼 맑아져서 사는 일 또한 그다지 힘들지 않다고 생각하게 됩니다. 산다는 것은 연을 맺고 푸는 일의 연속이 아닐까요?

멀리멀리 날아오르다 한 순간 뚝 끊어지는 종이 연처럼, 오랜 세월 함께 맺은 인연도 일순간에 풀려 끊어지기도 하고 잊은 듯 살다가도 불현듯 그리워지는 인연도 있을 테지요. 이런 일에 익숙해질 만큼 산 것도 같은데 닥칠 때마다 처음인 듯 낯설고 불편해서 마음이 저립니다.

그렇습니다. 만나면 언젠가는 반드시 헤어져 할 인연이라도 제 마음 속에 누군가는 오랜 여운으로 남고, 그 누군가는 안개처럼 사라져 버리기도 하겠지요.

먼 훗날까지 오래도록 마음에 남는 사람 몇 있었으면 좋겠습니다. 나를 그렇게 마음속에 오래오래 기억해 주는 그런 사람도 몇 있었으면 참 좋겠습니다.

# 지우개

벽면이 LP판으로 채워진 카페는 옛날식 음악다방 냄새가 물씬 난다. 편한 의자에 몸을 깊숙이 묻고 흘러간 팝송을 듣고 있다가 신청곡을 쓴다. 좀처럼 연필 쓸 일이 없어진 요즘, 테이블에 놓인 연필이 뜻밖에 만난 친구처럼 반갑다. 옆에는 지우개가 있다. 지우개를 보니 가슴 한편이 가시에 찔린 듯 전율이

인다.

연필에 침을 묻혀 신청곡을 꾹꾹 눌러 쓴다. 지우개로 글자를 지워본다. 깨끗하게 지워지지 않아 힘을 주니 종이가 그만 찢어진다. 지우개로 지운다고 깨끗하게 다 지워지지는 않는다. 잊고 싶은 일일수록 기억 속에 오래 머물러 있는 것처럼.

외항선을 탔던 이모부는 일 년에 두세 번 집에 들렀다. 이모부는 손님처럼 왔다 가는 남편이었고 아버지였다. 여자 혼자 몸으로 삼남매를 키우는 이모를 엄마는 무척 안쓰러워했다.

"뭐니 뭐니 해도 남편이 울타리인데 이모 혼자 아이들 델꼬 고생한데이."

이모 집에 갈 때면 엄마가 내게 항상 하던 말이었다. 이모는 엄마의 동생이었고 이모의 딸 선이는 내게 동생이었다. 선이는 병치레가 잦아 늘 얼굴이 해쓱하고 기운이 없어 보였다. 엄마가 이모를 챙기듯 나도 선이를 잘 챙겨야 했다. 선이도 나처럼 남동생만 있어서 우린 친자매처럼 사이좋게 지냈다.

선이는 내게 아버지가 낯설다고 털어놓았다. 어쩌다 한 번씩 집에 머물다 가는 아버지가 몹시 서먹해서 엄마 뒤에 자꾸 숨게 된다고 했다. 그러면서도 아버지가 떠나면 그 다음날부터 기다리게 된다는 것이다. 이모부가 집으로 돌아올 때면 선물꾸러미도 함께 따라왔다. 선이는 아버지를 기다린 게 아니라 어쩌면 선물꾸러미를 기다렸는지도 몰랐다. 선이 집에는 우리 집에서는 볼 수 없는 낯설고 신기한 물건이 많았다.

이모의 외로움을 달래 주고 집안일의 의논 상대가 되어 주는 엄마에게 이모는 외제 물건을 자주 챙겨 주었다. 칠십 년대 초만 해도 우리나라는 물자가 귀한 데다 물건의 질이 썩 좋지 않았다. 부잣집에서는 밀수품을 팔러 다니는 보따리장수에게 외제 물건을 공공연하게 사다 썼다. 우리 집은 이모부 덕분에 태평양이나 현해탄을 건너온 물건을 어렵지 않게 구경할 수 있었다. 빨간 뚜껑에 고딕체 흰 영어 글자가 선명한 맥스웰하우스 커피나 엄마가 '세추라'라고 부르던 영양크림과 폰즈 콜드크림, 코티 분, 향긋한 세숫비누, 버터와 잼 등이 그것이었다.

새 학기가 시작되고 얼마 되지 않은 이른 봄날이었다. 엄마를 따라 이모 집에 가면서 기분이 들떴다. 선이를 만나 노는 것이 좋았고 외제 과자를 먹거나 물건을 구경할 수 있어 더 즐거웠다. 이번에는 어떤 새로운 것을 구경할 수 있을까 내심 기대에 부풀었다.

이모부가 외동딸에게 사다 주는 선물은 주로 학용품이었다. 잠자리가 날아오를 듯 그려진 알록달록한 연필, 달리 표현을 할 길 없는 오묘한 핑크색 지우개, 뚜껑에 자석이 달린 필통, 귀엽고 예쁜 그림이 새겨진 연필깎이를 나는 넋을 잃고 바라보았다. 저것이 다 내 것이라면 얼마나 좋을까. 그런 선물을 받는 선이가 한없이 부러웠다. 우리 아버지도 외항선을 탔으면 좋겠다고 생각했다. 오학년이었지만 젊음을 바다에 저당잡히고 가족과 헤어져 사는 이모부의 고달픈 삶을 깊이 이해하지 못하는 철부지였다.

선이의 물 건너온 학용품 중에서도 특히 형광 핑크색 지우개에 온통 마음을 빼앗겼다. 그 지우개는 여지껏 한번도 본 적이 없는 환상적인 것이었다. 화사한 색깔도 색깔이려니와 지우개에서 나는 향긋한 냄새는 입으로 가져가 한 입 덥석 베어 물고 싶을 만큼 달콤하고 매혹적이었다. 게다가 반들거리는 종이옷에 몸을 반쯤 숨기고 있어 신비롭기까지 했다. 저렇게 귀티 나게 생긴 물건으로 잘못 쓴 글씨를 지운다고는 도무지 상상할 수가 없었다. 선이도 그 지우개가 마음에 드는지 손에서 놓지 않았다.

그날 잠자리가 그려진 연필 몇 자루와 달착지근한 과자 향을 내는 핑크색 지우개를 가지고 왔다. 연필은 선이가 내게 준 선물이었지만 지우개는 내가 몰래 가져온 것이었다. 당장이라도 학교에 들고 가서 친구들에게 자랑하고 싶었지만 몰래 갖고 온 것이 마음에 걸려 한동안 집에 숨겨 두었다.

매일 아버지와 함께 지내는 나와 달리 선이에게 아버지는 만나면 어색해서 달려가 안기지도 못하는 어려운 존재였다. 이모부는 그런 자식에게 귀한 선물로 마음을 표현한 것이었으리라. 그것을 욕심내어 몰래 가져와 버렸다. 나중에 안 일이었지만 선이는 지우개를 잃어버려 울고불고하다가 되레 제 엄마에게 매를 맞았다고 했다. 아버지가 애써 사다 준 선물을 제대로 간수하지 못했다고 혼이 난 것이었다.

그 말을 듣는 순간, 얼굴이 홧홧해서 선이를 바로 볼 수가 없었다. 바른 말을 할 수도 없었다. 그 후로 선이를 만날 때면 마음이 두근거려 편치 않았고 목에 가시가 걸린 것처럼 괴로웠다. 나는 그 지우개가 기억 속에서 얼른 사라졌으면 하는 마음뿐이었다. 작은 지우개 하나가 큰 돌덩이가 되어 마음을 짓누르며 오랫동안 나를 괴롭힐 줄 몰랐다. 내 것이 아닌 것을 내 것처럼 쓸 수 없었기에 그 지우개는 써 보지도 못한 채 잃어버리고 말았다.

선이는 어른이 되어서도 자주 아팠다. 병원 신세를 지는 날이 많았다. 꽃잎보다 가벼워진 모습을 보이지 않으려고 선이는 그 누구도 만나기를 거부했다. 하지만 나는 말문을 닫은 그녀의 마지막 순간을 지켰다. 잘못했다고, 그때 정말 미안했다고 사과도 하지 못했는데 선이는 마흔 문턱을 넘지 못하고 속절없이 지고 말았다. 이모부는 자랄 때 곁에서 제대로 보살펴 주지 못해 그렇다고 가슴을 쳤다. 자신이 죄인이라고 피눈물을 쏟으며 딸을 보내던 이모부의 모습을 잊을 수 없다.

신청한 음악이 흘러나온다. "우~~~ 생각을 말아요. 지~~나간 일들을. 우~~~ 그리워 말아요. 떠나간 님인데~ 꽃잎은 시들어도 슬퍼하지 말아요. 때가 되면 다시 필걸. 서러워 말아요." 구슬픈 가락과 노랫말에 내 마음 한없이 젖어든다. 잊고 싶은 일일수록 기억 속에 오래 머물러 있는 것처럼 지워지지 않는 지우개의 기억은 무엇으로 지워야 할까?

# 경금일주

키가 1cm 자랐다. 기이한 일이 아닐 수 없다.

건강검진을 하러 간 날이었다. 소변검사와 혈압을 재고 신장과 체중을 체크했다. 문진표를 작성할 때 신장을 미리 적어 두었기에 간호사에게 키가 줄었냐고 물었다. 나이가 들면 키가 작아진다는 말을 들었기 때문에 지레짐작을 했던 것이다. "아뇨. 컸

네요.” 간호사가 대수롭지 않게 말했다.

‘키가 컸다?’ 근래 일어난 일들 중에 이 사건은 나를 가장 기분 좋게 했다. 이깟 일에 기분 좋다는 표현을 쓴다고 사람들은 웃을지 모르겠다. 키 1㎝ 자란 것이 무에 그리 대단한 일이라고 말이다. 하지만 생각해 보라. 성장기에 있는 청소년도 아닌 터에 줄기는커녕 자랐다니 기분 좋아질 만하지 않겠는가.

살아온 날들을 되돌아 봐야 하는 나이에 키가 자랐다는 것이 생물학적으로 가능한 일은 아니다. 짐작건대 연초부터 꾸준히 해 온 운동의 덕분이 아닌가 싶다. 운동을 하면서 그동안 바르지 못한 자세를 교정하려고 애쓴 결과 굽어져 있던 숨은 키가 펴진 것일지 모른다.

어쨌건 1cm 속에는 많은 의미가 있다. 칼슘이 빠져 나가는 갱년기에 내 몸에선 아직 그럴 조짐이 없다는 증거이니 그것은 건강하다는 말과 같다. 그대로 유지만 해도 다행인데 키가 컸으니 몇 센티미터 더 자란 것과 진배없다. 내 의식을 지배하는 생각의 크기가 줄어들지 않았나 보다. 허리를 곧추세워 살고자 하는 마음이 증명된 것 같아 기분 좋은 일로 받아들여지는 것이다.

친구가 사주를 봐 주겠다며 생시生時를 물었다. 성향상 자기와 비슷할 것 같다며 확인해 보겠다고 했다. 마침 세모인지라 새해 운세까지 봐주겠다며 선심을 썼다. 결과를 메일로 보내왔다. 예상이 빗나가지 않았으니 경금일주가 무엇인지는 알아서 찾아보란다.

사주팔자에 무심한 편이다. 믿는 것도 아니고 안 믿는 것도 아니다. 좋은 것보다 안 좋은 것을 알게 됐을 때 신경이 쓰이고 마음이 찜찜한 것이 싫어서다. 어떤 난관을 만나더라도 스스로 극복하려는 생각이 강하기도 하다. 그래서 사주나 관상을 보겠다고 철학관 앞을 좀처럼 기웃대지 않는다. 신수 또한 재미로 보는 것 이상으로 의미를 두지 않으려 한다. 우리네 삶에서 행복과 불행은 언제나 균형이 맞지 않는다는 것을 알기 때문이다. 유쾌한 일이 하나이면 답답한 일이 아홉이고 승리가 하나이면 패배가 아홉이라고 한다. 어떤 승리도 패배의 순간과 연결되어 있기 때문에 행불행의 불균형에 연연해하지 않겠다고 여기게 되었다.

보내 온 운세가 흥미롭다. 새해에는 아무 걱정이 없을 것 같다. 반신반의하면서도 어떤 좋은 일이 생길까 내심 기대를 가져보지만 하루만 지나면 예외 없이 다 잊어버린다. 그런데 희한하게도 좋지 않다는 것은 마음속에 돌처럼 박혀 오래도록 거치적거린다.

경금일주가 무엇인지 궁금해졌다. 경금은 단단한 바위를 뜻한다고 한다. 이 성격은 익숙하지 않은 것에 불편을 느끼기에 익숙한 장소와 환경을 좋아한다. 사람도 익숙한 사람을 좋아해서 새로운 사람에게는 경계심이 대단하다. 하지만 한번 마음을 주면 바윗돌이 구르듯이 거칠 것이 없다. 마음을 준 사람에게는 그 사람이 죽을죄를 짓지 않는 한 이해하고 용서해주며 배려한다. 일을 함에 있어 꼼꼼하고 완벽하게 하려는 경향이 있어 결벽증의 면모를 보인다. 움직이기 싫어하고 일을 싫어하지만 일단 마음을 먹게 되면 대단한 능률로 처리해 낸다. 뭐든 대충대충하는 법이 없고 깔끔하게 처리한다.

관심 없는 것에는 쳐다보지도 않지만 관심 분야는 뿌리까지 뽑으려고 덤빈다. 번잡한 것을 싫어해서 귀찮은 일에 끼이지 않으려 하고 상대가 마음에 들지 않으면 다투어 고치기보다 한두 번 이야기해 보다가 아예 돌아서 버린다. 단단하지만 깨지면 원위치로 돌아가지 못하는 바위의 속성과 닮아 있다.

경금일주의 성격을 살펴보고 나니 슬며시 웃음이 났다. 전부라고 할 순 없으나 많은 것이 들어맞았다. 혈액형에도 장단점이 있듯이 성격 또한 이렇듯 섞여 있다. 한때는 단점으로 여겼던 성격을 고쳐보려 했었다. 천성은 변하지 않는 것이라 쉽지 않았고 잠시 유연해졌다가 되돌아갔다.

요즘 들어 골똘히 생각하는 것이 있다. 같은 상황 앞에서 나와 생각이 판이하게 다른 사람을 볼 때면 상식도 자신의 생각이 기준이 되고 생각이라는 것도 타고난 성격의 지배를 받지 않을까 싶다. 대부분의 사람이 자신의 기준대로 생각하는 세상이라면 헷갈려가며 힘들게 성격을 바꿀 필요는 없을 것 같다. 아니, 잘 바뀌지지도 않는다.

남의 것을 내 것인 양 아무렇지도 않게 가져다 쓰는 것이 그 사람의 상식이라면 절대 그렇게 하지 못하는 사람은 그것이 그 사람의 상식이다. 잔꾀로 꼼수를 부리는 사람은 그렇지 못한 사람을 보며 고지식하다고 한다. 아닌 것을 보고도 속으로만 생각하는 사람이 있고, 그 자리에서 말하는 사람이 있다. 내가 어느 쪽이든 이제는 굳이 바꾸려고 애쓰지 않으련다. 어차피 세상 속에서 일어나는 많은 문제에 해답이 하나일 수 없고 수학문제처럼 딱 떨어진 정답이 나오지도 않는다.

저뭇한 나이에 키가 자랐다는 것이 선물처럼 느껴진다. 마음의 키도 영원히 줄지 않았으면 좋겠다. 몸이 줄고 허리가 굽어지면 생각의 깊이가 줄어들고 의식도 구부러질 것 같아서다. 아직은 바로 보고 제대로 판단할 수 있어야 하기에 단전丹田에 힘을 주고 허리를 곧추세운다.

# 그릇을 빚으며

그릇을 빚었다. 물레를 돌려 빚은 것은 속 깊은 주병이 되었고 손으로 빚은 것은 넙적한 사발이 되었다.

이젠 바람 드는 곳에서 말리고 초벌구이를 한 후에 유약을 발라야 한다. 그리고 뜨거운 불 속에서 단단하게 익혀내는 과정을 거쳐야 비로소 도자기로서의 생명을 얻는다.

좋은 도자기가 되려면 토양이 좋아야 하고 청정한 물과 합이 맞아야 하지만 흙을 빚는 사람의 정성이 무엇보다 먼저다. 그렇게 정성을 기울였다 해도 도자기로서 삶을 다 살 수는 없다. 가마에서 나왔을 때, 흠집이 나거나 금이 가기도 하고 심지어 터져 깨지기도 한다. 도자기가 완성되는 과정도 굴곡진 삶의 여정처럼 예사롭지 않은 곡절을 겪게 된다.

토우, 종지, 사발, 화병, 달 항아리 등 다양한 모습으로 태어난 도자기는 생김에 따라 저마다의 역할이 있다. 백인백색의 사람이 각자의 역할을 가지고 사는 것과 같다고 할까. 인생 후반부를 향해 서 있는 나는 그동안 어떤 그릇으로 살아왔는지 돌이켜보게 된다. 이미 여러 모양으로 세월을 건너왔지만 이제는 거르고 걸러서 순정해진 마음과 연륜을 담을 수 있는 그릇이 되어야 하지 않을까 싶다. 명징한 정신으로 살 수 있는 시간이 얼마나 남았는지 헤아려 보니 그다지 넉넉하지 않은 듯하여 마음이 바빠진다.

처음에는 형태조차 제대로 갖추지 못한 흙 한 덩이에 불과했다. 그러다 물과 불로 생명을 부여 받았을 터, 어설픈 토우로 유년을 보내다가 종지가 되었고, 무엇이든 담을 수 있는 사발로

육신의 그릇을 키워왔다.

그동안 어떠한 노력을 기울였을까. 제대로 담기 위해 지극한 마음으로 공을 들인 때가 있었다. 뜨거운 불가마 속에서 그저 견디며 지냈던 시절과 부는 바람에 흔들리던 때도 있었다. 때로는 불가마에서 일어나는 예기치 않은 요변妖變으로 뜻밖의 행운을 만나기도 했고 흠결투성이로 파기될 운명에 놓일 뻔도 했다.

조선시대에는 궁궐에 도자기를 납품하는 관요官窯가 있었다. 관요의 우두머리를 변수邊首라 불렀는데 변수는 대체적으로 파기장이 맡았다. 파기장이란 도자기가 가마에서 나오면 규격품인지 아닌지 판별하는 역할을 했다. 도자기가 일정 기준에 미치지 못하면 가차 없이 깨버린다. 그런데 규격에 못 미치는 것만 파기되는 것은 아니었다. 가마에 들어간 도자기 중 뜻밖에 명품이 나오는 경우가 있었다. 하지만 그럴 때도 파기장의 손에서 박살이 났다. 걸작이 나온 것을 궐에 진상하면 그 다음부터 그것이 납품의 기준이 되기 때문이었다. 대부분 흠이 있는 도자기들이 파기되었지만 빼어나게 잘 나온 도자기도 무사하지 못했다.

하물며 어쩌다 찾아오는 행운에 사람살이를 기댈 수는 없는 노릇이다. 오히려 흠집날 것을 두려워하고 틈이 벌어질까 염려

하며 살아가지 않던가. 하지만 아무리 조심하며 살아도 예상치 못한 불길에 휩싸이기도 하고 한순간 방심으로 공든 탑이 무너지기도 한다. 생이 정점에 올라 더없이 화려할 때, 자신의 삶을 잘 빚었다고 교만에 빠질 때, 소중한 것을 잃어버리는 경우를 허다하게 보아왔다.

내가 빚은 그릇들이 제대로 태어나면 좋겠다. 그래서 다음에는 나를 한번 잘 빚어보고 싶다. 세월이 참 많이 흐른 것 같은데 아직 깊지도 넓지도 못하다. 그뿐만 아니라 좋은 것만 담고 싶어 안달하며 살아왔다. 다 가질 수도 없고 전부 주어지지도 않는다는 것을 예전에는 몰랐다. 이제는 지향점을 향해 묵묵히 걸어갈 일만 남았다. 세상 모든 것은 한번 성하고 차면 다시 쇠한다. 지나치면 오히려 미치지 못하며 재주가 많은 사람은 덜한 사람만 못하다고 했다. 그릇이 차면 넘치듯 삶도 그러하리니 이제는 나를 무엇으로 빚어야 할까.

내게 맞춤한 그릇은 어떤 것일까. 주병은 깊으나 넓지 못하고 사발은 너른 가슴을 가졌으되 깊지 못하다. 조선백자의 소박한 달 항아리가 되어 보고 싶지만 붙박이 장식품으로 살기엔 아직 이른 듯하다. 꽃을 꽂아두는 화병은 더욱 아닐 터이고 막사발로 이것저것 담고 살기엔 힘에 부칠 것 같다. 살아온 세월의 무게를 가늠한다면 모든 것을 다 받아들일 수 있는, 넓고 깊어서 품이 넉넉한 항아리가 되어야겠지만 감히 바랄 수 없다.

창가에 얹힌 주병과 사발을 바라본다. 주병은 날렵하게 뽑아 올리지 못했고 사발은 투실투실 투박하다. 무딘 손끝 탓이겠거니 여기지만 딴에는 정성을 다해 빚었다. 어수룩하나마 모양이 갖춰진 것을 보니 못생겨도 세상에 하나밖에 없는 자식인 양 입꼬리가 절로 올라간다. 마음마저 푸근해진다.

그렇다. 이 모양 저 모양 맵시 있게 잘 빚는 것이 능사가 아니라 세상에 유일무이한 존재라는 것이 정작 소중한 것임을 저 도자기가 넌지시 일러준다. 깊거나 넓지 못해도, 투박하거나 소박해도 혼을 담아 정성을 다해 삶을 빚는다면 어떤 그릇으로 산다한들 무엇이 그리 대수랴!

# 팔복회八福會

집안 모꼬지에 갔더니 새 신랑이 각시를 데리고 왔다. 얼마 전 장가든 조카 부부가 인사를 하러 온 것이다. 맞벌이에 주말부부라 시간 내기 쉽지 않았을 텐데 기특하다. 아직은 누가 누군지도 잘 모르는 일가친척들이 어색하기 짝이 없을 것이다.

위로 아래로 삼대가 모이는 모임이다. 윗세대는 거의 떠나시고 몇 분 남지 않았다. 아래 세대는 집안 대표들만 가뭄에 콩 나듯 온다. 구순을 바라보는 부모님을 모시고 장성한 자식들을 거느린 우리 세대가 주요 구성원이다.

새 신랑 각시를 보니 예전의 내 모습이 떠오른다. 혼렛날을 받아 놓고 이 집안 모임에 참석한 지 벌써 강산이 세 번이나 바뀌었다. 당시 신랑 될 사람이 멀리 있어 날을 받아 놓고도 일주일에 한 번 볼까말까 했다. 주말에 온 예비신랑은 집안 모꼬지에 같이 가자고 손을 끌었다. 식도 안 올린 예비신부가 갈 자리는 아닌 것 같다고 극구 사양했지만 막무가내였다.

이종사촌 형님이 사시는 밀양은 그때 처음으로 가 보았다. 가을 초입, 수산다리 밑에는 맑은 물이 흐르고 넓고 고운 모래밭이 있어서인지 야외 나들이객이 많이 보였다. 그 무리 중에 이 집안 모꼬지도 한창이었다. 서먹하고 편치 않은 자리였다. 원피스 차림을 하고 돗자리가 깔린 바닥에 앉아 있으려니 다리에 쥐가 났다. 시댁이라는 것이 결코 만만하지 않은 곳이라는 것을 미리 알려 주는 것 같았다.

이 모임은 어머님 형제들의 모임이라 남편의 외가 친척들로 구성되어 있다. 어머님의 형제자매는 모두 팔남매였다. 이모, 외삼촌, 이종사촌, 외사촌들 앞에 나는 '시'자를 붙여야 했다. 남편의 외할아버님과 외할머님 함자에서 한 글자씩 따서 모임의 이름이 지어졌다. 일찍이 의지가지 없이 홀로 되신 어머님은 친정 피붙이들과 유난히 돈독한 정을 나누셨다.

수산다리 아래서 얼결에 시외가의 일가친척에게 신고식을 치른 이래 결혼을 하고 이날까지 정기적인 집안 모꼬지에 빠진 적이 없다. 재밌고 즐거워서 참석한 것은 아니었지만 당연한 일로 여겼다. 처음에는 집집이 돌아가면서 음식을 장만하여 잔치를 벌였다. 수십 명의 손님을 치러야 하는 차례가 다가오면 몇 날 며칠 잠을 설칠 정도였다. 어머님 항렬은 만날 때마다 서로 부둥켜안고 어쩔 줄 몰라 하셨지만 이런 분위기에 익숙지 않은 새댁은 신경 쓰이고 힘들기만 했다.

애살스러운 둘째 이모님은 그 댁 차례가 되면 며느리 음식솜씨에 흠이 날까 봐 수라간을 진두지휘하기도 했고 막내이모님은 모꼬지 때마다 자식들을 양옆에 거느리고 나타나 위엄을 과시하기도 했다. 모꼬지의 모습도 세월 따라 변해갔다. 처음에는 두 달에 한 번씩 만났으나 지금은 일 년에 세 번 만난다. 만남의 목적은 친목도모이며 우환이 든 집이 있으면 조금씩 힘을 보태고 경사가 있으면 함께 기쁨을 나눈다.

시외가에 할머님은 백수를 넘기시고도 여섯 해를 더 사셨다. 모임 때마다 팔복회의 최고 어른이시며 모임의 원류인 시외할머님을 찾아뵙고 용돈을 드렸다. 할머님이 돌아가시고 나자 지금은 어머님 세대들께 그 용돈을 드리고 있다. 돌아가신 분께는 제사 경비를 보태어 형평을 맞춘다.

시간은 지난 일들을 잊게 하기도 하지만 물과 기름까지도 잘 섞이게 하고 자연스레 스미게도 하는 것 같다. 결혼 초기에 힘들고 어색했던 관계는 가랑비에 옷 젖듯 서로에게 스며들었고 받아들이게 되었다. 하기 싫은 것도, 가고 싶지 않은 곳도, 만나고 싶지 않은 사람도 시간 속에서 경계를 허물어갔다.

예전과 달라진 생활 방식은 사람의 생각에도 영향을 미치는 것 같다. 우리 뒤를 따라오는 세대들에게 집안 모꼬지는 어떤 의미일지 과연 지금처럼 이어질지는 알 수 없는 노릇이다. 하나 아니면 둘밖에 없는 형제나 자매 혹은 외동에게 이모, 고모라 부를 수 있는 사람이 별로 없을 것이고 큰집, 작은집의 개념도 희박해질 수밖에 없다.

집안 모꼬지는 한 뿌리에서 뻗어나간 줄기들이 각자 자리에서 또다시 뿌리를 내리고 가지를 퍼트리며 이렇게 잘살고 있다는 것을 서로에게 확인시키는 자리기도 하다. 이웃사촌이라는 말도 희미하게 사라져가는 시대에 집안 모꼬지가 다 뭐냐고 하겠지만 그래서 더 필요하다고 하면 요즘 사람들은 나를 영락없는 꼰대라고 비웃을지도 모르겠다. 하지만 오랫동안 보고 겪은 것들은 후천적 유전인자가 되어 계속 이어지게 하는 것은 아닐까 하는 바람을 가져본다.

팔복회에 새로운 가족이 된 질부는 시어머니 옆에 앉아 열심히 고기를 굽고 있다. 처음 온 자리인데도 어색해하지도 않고 스스럼없이 잘 어울린다. 21세기형 며느리 모습이 생기발랄하여 보기에 좋다.

5부

# 당목 撞木

한때는 주석이 너무 많아 탁하고 강한 소리만 났었고 어느 시절엔 구리가 넘쳐 쉽게 구부러지기도 했었다. 강할 때는 부드러움이 있다는 것을 알려 주었고, 탁할 때는 희석시켜야 한다는 것을 깨우쳐 주었다. 그럴 때마다 선생님이 계시다는 것만큼 든든한 것은 없었다. 스승은 제자가 나태한 모습을 보이면 어김없이 당목을 치셨다.

# 탱자나무 울타리

사물을 통해 기억이 새로워질 때가 있다. 한적한 시골길에서 만난 탱자나무가 그러하다. 울타리를 이룬 탱자나무는 진녹색 잎 속에 노란 열매가 드문드문 박혀 진한 향을 풍긴다. 풍경으로 마주친 울타리 앞에 서서 잎 하나를 조심스레 당겨본다.

나와 다른 세계가 존재한다는 것을 처음으로 알게 된 것은 초등학교를 다닐 무렵 탱자나무를 통해서였다. 학교 가는 길목에 있는 일본식 관사의 울타리는 탱자나무로 둘러져 있었다. 등굣길에 탱자나무 잎으로 '오늘의 재수'를 점쳤다. 작고 길쭉하게 생긴 세 잎 중에 가운데 것을 잡아 당겨 세 잎 모두 떨어지면 '재수 좋은 날'이었고, 가운데 잎만 톡 떨어지면 재수가 없는 날이었다.

탱자나무 잎에 기대어 앞일을 예견해 봤지만 맞아떨어지는 날은 드물었다. 바람이 클수록 한 잎만 톡 떨어져 '운수 사나운 날'로 낙점이 되면 마음이 불안했다. '운수점'으로 심란한 마음을 누그러뜨리고 싶었지만 요행은 그야말로 요행일 뿐이었다. 이미 주어진 삶에서 크게 벗어날 수 없다는 것을 생각의 키가 자라면서 서서히 깨닫게 되었다.

탱자나무 잎으로 운수를 점치다 보니 차츰 울타리가 눈에 들어오기 시작했다. 울타리 안이 궁금해졌다. 항상 그늘이 내려앉아 컴컴한 울타리 바깥쪽과는 달리 안쪽은 언제나 밝고 따뜻해 보였다.

탱자나무는 관사 안을 쉽게 통과할 수 없게 했다. 나는 철책 앞을 자주 기웃거렸다. '운수점'이 더 이상 효험이 없다는 것을 알아차리고 나서는 울타리 안을 동경하게 되었다.

적산가옥이었던 관사는 군인 가족이 살았다. 그 안 정원에는 잘 손질된 꽃나무가 향기를 풍기고 마당에는 햇살이 가득했다. 우리 집은 가게 뒤에 딸린 살림집이어서 옹색하기 이를 데 없었다. 마당이라는 것도 웅덩이가 군데군데 파여 늘 질척거렸다. 여러 가구가 함께 쓰는 마당 한 옆에는 음식물 찌꺼기를 모아두는 구정물통까지 있었다. 내가 사는 곳과 차원이 다른 관사의 고즈넉한 풍경 속으로 들어가 보고 싶은 욕구가 일었다.

관사에 사는 아이는 나와 동급생이었다. 아버지를 따라 서울에서 전학 온 친구였다. 관사 아이는 듣기 좋은 서울말을 썼다. 때깔 고운 옷에 발등에 끈이 달린 케미슈즈를 신고 다녔으며 간혹 운전병이 모는 지프차를 탔다.

지금 서 있는 자리에서 보다 더 높이 날아오르고 싶은 너머에 대한 욕망은 그때 이미 씨를 품고 있었는지도 모른다. 서울에 가 본 적도 없는데 친구의 말투를 흉내 냈고, 물색 고운 원피스를 만들어 달라고 엄마에게 떼를 썼다. 그래도 관사 친구와 같아질 순 없었다. 아버지는 군인이 아니었고 우리 집에는 지프차도 없었다.

친구를 따라 관사에 놀러 가면 누가 시키지도 않았는데 조신하게 굴었다. 왠지 그래야만 할 것 같았다. 편한 운동화만 신다가 뾰족구두로 바꿔 신은 것처럼 행동하기가 불편하고 조심스러웠다. 화장실이 집안에 있다는 것을 처음 알았을 때의 놀라움이란! 소파가 있는 곳을 응접실이라고 한다는 것도 그때 알았다. 관사에는 정해진 시간이 되면 정복을 입은 과외 선생님이 왔다. 아무도 가르쳐 주지 않았지만 친구 아버지는 우리 아버지보다 훨씬 힘이 센 사람이라는 것을 알았다.

탱자나무 울타리 안에 사는 친구와 울타리 밖의 나는 다른 점이 많았다. 태생이 다르고 사는 모습도 달랐다. 출발선도 같지 않았다. 내가 숨 가쁘게 쫓아가면 관사 아이는 늘 앞서 있었다. 그와 같아지려고 더 많이 더 빨리 뛰었다. 끊임없이 나를 담금질했다.

시골길에서 우연히 마주친 탱자나무 울타리 밖에 햇살이 가득하다. 언제나 그늘로 기억되는 울타리 밖이었는데 지금은 볕이 환하게 부서져 내린다. 그동안 걸어온 길에 서서 주변을 둘러본다. 양지가 음지 되고 그늘이 햇볕으로 바뀌기도 했다. 그러나 꼭 그런 것도 아니었다. 울타리 안이어서 행복하고 밖에 있다고 불행하다 말할 수 있을까. 안이든 바깥이든 내가 딛고 서 있는 자리에서 충만한 삶을 살고 있다면 안팎이 문제되지는 않을 것이다. 지금의 울타리는 그 시절 탱자나무보다 오히려 높고 견고해졌지만 울타리가 사람의 행과 불행을 좌우하지 않는다고 믿고 싶다.

공평한 세상이라고 누가 자신 있게 말할 수 있으랴. 먼 옛날부터 양지와 음지는 존재해 왔다. 아니라고 손사래를 치든 받아들이든 그것은 각자의 가치관에 따라 달라진다. 사는 일에 정답이 없고 있어서도 아니 될 일이다. 손을 펴보면 다섯 손가락이 다 다르다. 그 손을 오므려 주먹을 쥐어 보라. 손가락의 뿌리는 모두 같은 모양이다. 무엇 하나 소용에 닿지 않는 것이 없다는 뜻일 게다. 제자리에 서서 저다운 색깔을 내고 제 목소리로 당당하게 살아갈 수 있으면 좋겠다.

가을볕이 머리 위에서 쏟아져 내린다. 한적한 시골길에서 만난 탱자나무 울타리의 안과 밖이 환하다. 울타리는 이쪽과 저쪽을 나누는 경계 같은 것이기도 하지만 뛰어넘어야 할 벽이기도 하다. 세상일은 관점觀點에 따라 많은 것이 달라지지 않던가.

# 당목撞木

뎅~~ 데뎅~~~ 뎅~~ 데뎅~~~. 박물관 마당에 서서 종소리를 듣는다. 맑은 소리가 널리 퍼져 나간다. 귀를 세워 제대로 들어보려 애써 본다. 과연 천년의 소리를 간직한 에밀레 종이다. 맑고 긴 여음이 있는 종처럼 자신의 소리를 제대로 낼 수 있다면 얼마나 좋을까. 하지만 아무리 좋은 소리를 가졌다

해도 당목撞木으로 쳐 주지 않으면 소용이 없다.

에밀레종으로 더 잘 알려진 성덕대왕신종 앞에 서 있지만 종소리는 다른 곳에서 흘러나온다. 이제는 종을 치지 못하기 때문이다. 천년의 소리는 스피커를 통해 울려 퍼진다. 더 이상 종을 칠 수 없게 되자 녹음을 해 놓고 들려주고 있다. 그래서인지 종과 함께 매달려 있어야 할 당목이 보이지 않는다.

당목은 종을 치는 둥근 나무막대다. 에밀레종의 당목은 천년의 세월을 건너오느라 군데군데가 헐고 삭았다. 이제는 박물관 유리곽 안에서 안식을 취하고 있다. 당목이 없는 에밀레종은 완전한 모양새는 아니지만 저 나름으로는 굳건해 보인다. 맑은 소리와 긴 여음을 누리에 뿌리며 살아왔기 때문이리라.

다시 종소리에 귀를 기울인다. 백아伯牙의 거문고 소리를 제대로 알아들은 종자기鐘子期가 잠시 되어본다. 백아가 높은 산을 염두에 두고 거문고를 타면 종자기는 태산준령을 같이 넘었다. 흐르는 물소리를 연주하면 그대로 알아들었다는 종자기가 될 수 있다면 좋겠지만 언감생심, 미완의 나는 그저 귀에 담아 마음에 간직할 뿐이다.

종의 몸통 어느 곳을 쳐야 저런 소리가 날까. 어느 곳이라도 당목으로 치기만 한다고 되는 것은 아닐 테다. 찬찬히 살펴보니 종을 치는 자리가 따로 있다. 둥그런 연화문으로 장식이 되어 있는 당좌撞座가 바로 그곳이다. 당목은 정해진 자리를 향해 종을 쳐야 한다.

좋은 종이 되려면 주석과 구리의 비율을 잘 맞추어야 하고 두께와 문양의 위치도 중요하다. 쇳물의 냉각 속도까지 신경을 써야 한다. 맑은 소리는 여운이 길어야 하고 뚜렷한 맥놀이가 있어야 한다. 이렇듯 무엇 하나라도 잘 만들어지려면 지난한 과정을 거쳐야 한다. 제대로 완성되기까지 수많은 애환이 담긴다. 소리로 공명을 주는 에밀레종 앞에서 사람을 생각한다. 사람의 일생이 완성되어 가는 과정도 이와 같지 않겠는가.

나를 제대로 쳐주는 당목은 누구였는지 생각해 본다. 태어나서 뒤집고, 기고, 앉고, 서는 기본적인 것은 부모님의 몫이었다. 세상에 나가 제대로 된 걸음마를 시켜 준 것은 선생님이었다. 나에게는 두 분의 스승이 계신다.

뒤늦게 시작한 대학공부를 포기하지 않고 끝까지 마칠 수 있게 하고 사고의 지평을 넓혀준 선생님이다. 안으로만 바라보던 편협한 시야를 밖으로 향하게 해 주신 분이다. 역사에 대해 재인

식할 수 있는 계기를 만들어 주었다. 공부를 끝내고도 시작하기 전의 생각과 크게 달라지지 않았다면 제대로 된 공부를 하지 못한 것이라 했다. 삶의 보람에 대해 생각하며 살아야 한다고 했다. 선생님이 계셨기에 조금이나마 트인 시야로 생각하는 사람의 꼴을 갖출 수가 있었다.

한때는 주석이 너무 많아 탁하고 강한 소리만 났었고 어느 시절엔 구리가 넘쳐 쉽게 구부러지기도 했었다. 강할 때는 부드러움이 있다는 것을 알려 주었고, 탁할 때는 희석시켜야 한다는 것을 깨우쳐 주었다. 그럴 때마다 선생님이 계시다는 것만큼 든든한 것은 없었다. 스승은 제자가 나태한 모습을 보이면 어김없이 당목을 치셨다.

진정으로 하고 싶고 해야 할 일이 있었지만 길을 잘못 들어 한참 동안이나 헤매고 있었다. 그때 만난 스승도 있다. 대체 내가 어떤 소리를 내고 싶은 건지 몰라 안개 속을 헤매고 있을 때 만나게 된 선생님이다. 잘못된 소리를 바로 잡기란 새 종을 만들기보다 어려운 일이다. 에둘러도 한참 에두른 뒤에 소리를 다시 내보려고 목청을 돋우었다. 잘하고 싶은 마음은 오뉴월 잡초처럼 웃자라 올랐고 금잔디는 더디게 자랐다. 아무리 잘 만들어진 종이라도 당목으로 엉뚱한 곳을 가격해 버리면 꼼짝없이 찌그러진 소리를 낼 수밖에 없다. 주저앉고 싶을 때마다 스승의 애정 어린 관심이 나를 바로 설 수 있게 하였다.

오랜 세월 속에서 주석과 구리의 비율을 가감하여 소리가 잘 날 수 있는 토대를 첫 번째 스승이 만들어 주었다면 당목으로 당좌를 찾아내 준 분은 두 번째 스승이시다. 두 스승이 계시기에 지금의 내가 있다. 아직도 멀리멀리 맑은 소리를 내기에는 부족하고 또 부족한 종이다. 토양이 얼추 만들어진 후에는 스스로 헤쳐 가야할 내 몫만이 남는다. 주석과 구리가 잘 배합되어 너무 뜨겁지도 않고 쉬 식어버리지 않도록 마음을 다잡아가며 좋은 소리를 만들어 가고 싶다.

나의 소리가 뚜렷한 맥놀이를 가지고 잡음 없이 맑은 소리를 내게 될 때, 두 분의 스승처럼 나도 누군가의 당목이 되고 싶다.

# 진양호

장생포 고래박물관 앞에는 '제6 진양호'가 전시되어 있다. 고래를 잡았다는 진양호는 포경선에 걸맞지 않게 아담한 몸체로 방문객을 맞이한다. 뱃머리의 예리한 작살은 화려했던 옛 시절을 그리워하며 버리지 못한 자존심을 곧추세운 채 지금도 꿋꿋하다. 하지만 오랜 휴식기를 가지면서 이제는 자존심만 살아 있는 땅위의 폐선일 뿐, 그 모습은 몰락한 귀족처럼 슬퍼 보인다.

바다에서 포경이 금지된 해는 1985년이었다. 지금 박물관 문 앞에 박제되어 있는 '제6 진양호'도 고래잡이가 금지되면서 졸지에 일자리를 잃었다. 건조된 지 십 년 세월도 채우지 못하고 진양호는 제 할 일을 잃고 말았다. 고래만을 잡던 배가 달리 무엇을 할 수 있었겠는가.

변화의 급물살을 타고 하루아침에 주변인으로 밀려나기도 하고 발 빠르게 대처하여 세상의 중심에 서기도 하는 생의 바다에 우리는 살고 있다. 중심부에 서거나 주변인으로 밀려나는 자리바꿈은 세상의 바닷속에서 지금도 계속되고 있다. 그것이 자신과 얼마나 연관되어 있는가에 따라 받아들이는 모습은 분명히 달라진다. 화려한 이력을 가졌으면서도 끝까지 살아남지 못하고 도중에 하차한 사람들의 비애를 나는 안다. 버리지 못한 자존심이 걸림돌이 되어 자신을 스스로 옭아매기도 한다.

얼마 전에 서울에서 지하철을 타게 되었다. 그 안에서 우연히 옛 직장 상사와 마주치게 되었다. 우리는 서로 깜짝 놀라 엉거주춤 인사를 했고, 한 사람이 먼저 내릴 때까지 잠시 안부를 나누었다. 그에게는 십 년도 넘는 세월 저편의 모습이 아직도 남아 있었다. 사표를 들고 끝까지 갈등했던 그를 아린 마음으로 지켜보았던 기억이 새삼 떠올랐다. 하지만 세상의 바다는 그에게 혹독한 시련만 안겨주지는 않은 듯했다. 다만 머리에 서리가 하얗게 내렸을 뿐이었다.

은행에 근무하면서도 금융위기를 제대로 알지 못했던 그해, 그도 나도 청춘을 바친 직장을 떠났다. 우리가 다니던 직장은 지극히 보수적이고 관료적인 금융기관이었지만 안정된 직장이었기에 모두가 부러워하는 곳이었다.

당시 한솥밥을 먹던 직장의 동료들은 생의 갈림길에 서서 많은 고민을 했다. 주말부부로 가족이 흩어져 살던 나 역시 생각이 많았다. 쉽지 않은 결정이었다. 매일 아침 눈을 뜨면 이 결정이 잘한 것인지 아닌지 분간이 되지 않는 혼란을 겪었다. 남편의 그늘에 기댈 수 있는 여직원들은 그나마 나은 편이었지만 식솔을 거느린 가장의 입장은 오죽했을까. 미래가 보장되지 않는 세상 밖은 두렵기 그지없는 넓고 큰 바다였다. 등 떠밀어 내보내지는 않았어도 무언의 압력은 오히려 견디기 힘들었다.

많은 갈등 끝에 나는 가족의 울타리 속으로 돌아가기로 결정

했다. 육아문제로 고민하던 젊은 여직원들과 정년이 몇 년 남지 않은 간부급 직원들까지 우리는 퇴직동기가 되었다. 명예퇴직이라는 그럴싸하게 포장된 말에 닻에 묶을 밧줄 하나 제대로 준비하지도 못한 채, 세상의 바다로 스스로 걸어 나갔다.

아직도 현직에 남아 있는 몇 안 되는 직장동기를 만나지만 공통분모를 찾지 못한 대화는 허공에서 툭툭 끊어지곤 한다. 나는 그들에게 고래심줄보다 질긴 친구들이라고 우스갯소리를 던진다. 시작은 같이 했으나 이제 우리가 가는 길은 다르다. 오래 지우지 못했던 직장생활의 추억도 점점 희미해져 간다.

나의 휴식기는 벌써 십 년을 넘기고 있다. 많은 시간이 내 안으로 녹아들었다. 화석처럼 굳어진 줄 알았던 오래전 꿈이 꿈틀거리며 밖으로 나오려고 안간힘을 쓰고 있다. 이미 늦어버렸다고 생각한 눈치 없는 그것을 억지로 밀어넣으려고 했다. 그러나 치받쳐 올라오는 힘이 누르는 힘보다 더 세면 밖으로 나올 수밖에 없다. 망망대해에 새로운 배를 띄우기 위해 그동안 묶어 놓았던 마음의 돛을 스스로 올렸다.

이리 흔들리고 저리 흔들리는 세상의 바다에서 다시 생각해 본다. 빛나는 미래가 보장된 것은 아니지만 지난날과 같이 얽매여 있지 않고 하고픈 일을 마음껏 할 수 있으니 행복하다. 인생은 무조건 빼앗지도 않고 조건 없이 주지도 않는다는 것을 오랜 휴식기를 통해 알게 되었다.

고래박물관 맞은편 바다 위에는 기세등등한 유조선이 떠 있다. 그 건너 산업화의 표상처럼 조선소의 거대한 얼굴이 박물관과 마주한다. 산업화는 우리의 생활을 풍성하고 윤택하게 했지만 고래가 뛰놀던 바다를 빼앗았다. 어디 빼앗기고 사라진 것이 이뿐이랴. 사는 일은 영락을 거듭하며 굴러가는 역사의 수레바퀴 같은 것 아니던가.

얼마 전에 고래가 사라졌던 동해바다에 고래 떼가 나타났다는 뉴스를 접했다. 이천여 마리의 고래 떼라고 했다. 돌아오지 않을 것 같던 고래가 돌아왔다. 시퍼런 물살을 가르며 힘차게 유영하는 고래 떼의 모습을 텔레비전을 통해 바라보며 진양호를 생각했다. 언젠가 '제6 진양호'는 긴 시간 침묵을 지켜온 세월 속에서 다시 깨어나 바다로 나가게 될지도 모른다.

인생의 바다는 고래가 돌아온 바다처럼 언제나 파란만장하다. 주변부와 중심부의 자리는 바뀔 수도 있다. 고래를 잡아 당당하게 항구로 들어오는 진양호의 모습을 그려본다. 그 모습은 오랜 휴지기를 가졌다가 다시 시작하는 사람들의 모습과 겹쳐진다.

각진 생의 길목을 한 굽이씩 돌 때마다 우리에겐 어쩌면 휴식기가 필요한지도 모른다. 신산한 마음을 다독이며 낯설고 새로운 길을 모색해야 하는 시간이 휴식기가 아니겠는가. 바람과 서리에 생의 더께가 쌓이면 이지러졌던 시간도 만수위가 되리라.

# 슈하이다

그녀는 서른다섯 살이라고 했다. 내게는 거의 딸뻘이다. 엔지니어인 남편을 따라 우리나라에서 일 년 간 산 적이 있었고 민 선생은 그녀의 한국어 선생이었다. 민 선생은 우리의 친구였다. 그런 인연으로 말레이시아에 있는 그녀의 집을 방문하게 되었다.

슈하이다는 세 아이를 두고 있으며 대학에서 학생들을 가르치고 있다. 그녀는 매우 활발하고 친절했으며 사람을 대할 때도 성심껏 마음을 다했다. 가난한 이웃나라를 도와야 한다고 했고 그런 나라에 도서관을 짓는 일에도 참여하고 있었다. 진취적인 그녀는 말레이시아의 앞날을 지고 갈 재원이었다.

슈하이다를 만난 것은 우리가 말레이시아에 도착하고 이틀이 지난 후였다. 원래 약속한 날은 이틀 전이었지만 그녀의 시아버지가 슬로베니아 여행 중 갑자기 돌아가셔서 장례 절차를 밟아야 했다.

외국 친구들을 불러놓고 이런 일이 일어났으니 그녀도 우리도 난처하기가 이를 데 없었다. 그러나 그녀는 가족들과 심지어 제자들까지 동원하여 우리의 일정에 차질이 없도록 배려하였다. 일주일을 머무는 동안 삼일 간 함께 지냈지만 슈하이다는 우리에게 깊은 인상을 남겼다.

그녀의 어머니가 딸 대신 우리를 반갑게 맞이했으며 그녀의 남동생과 제자가 가이드를 해 주었다. 슈하이다의 제자는 직접 운전을 해 가며 가장 말레이시아적인 것을 보고 싶다는 말에 쿠알라룸푸르에 있는 힌두사원, 모스크, 올드 마켓, 쌍둥이 빌딩과 도시의 야경을 빠짐없이 보여 주었다. 덕분에 말레이시아의 과

거와 현재를 가감 없이 볼 수 있었다. 그 길에 무릎이 아파 보행이 불편한 그녀의 어머니도 동행을 했다. 인정스러운 이곳 사람들을 보며 왠지 동질감이 느껴졌다.

슈하이다는 히잡을 입고 다니는 무슬림이다. 이슬람 신도를 가리키는 무슬림Muslim이라는 용어는 '절대 순종하는 이'라는 의미를 지니고 있다. 이번 여행 중에 많은 무슬림을 만났고, 함께 지내면서 그들을 좀 더 폭 넓게 이해하는 계기가 되었다.

살갗을 익혀버릴 것 같은 십이월의 태양 아래서 얼굴과 손만 내놓은 여자 무슬림들을 처음에는 몹시 갑갑하게 바라보았다. 하지만 그들은 갑갑해 하거나 그것이 자신을 구속한다고 생각하지 않았다. 그들에겐 종교는 곧 생활이었다. 온몸을 가린 것이 피부를 보호한다는 것도 알게 되었다. 우리도 뜨거움을 견디지 못해 종아리가 드러나는 반바지를 벗고 얇고 헐렁한 긴 바지를 사서 입었다.

그들은 메카를 향해 하루 다섯 번의 기도를 하고, 돼지고기는 먹지 않으며, 의식을 행한 육류(할라이푸드)만 먹었다. 라마단 기간에는 해가 뜨고 질 때까지 물 한 모금도 마시지 못하며 금욕을 해야 한다. 엄격한 계율을 지키며 사는 무슬림들의 생활방식이 그들에게는 지극히 당연한 일이겠지만 이방인의 눈에는 대단하게 비쳐졌다.

우리가 말레이에 도착한 다음 날 오전에야 슈하이다와 만날 수 있었다. 그날은 쿠알라룸푸르에서 랑카위로 이동하는 날이었다. 일행 넷과 슈하이다의 비행기 표가 몇 달 전부터 예매되어 있었다. 상喪 중이라 같이 갈 형편이 못 되는 그녀가 다른 사람을 대신 보내려고 했으나 크리스마스 휴가철이라 표를 구할 수가 없었다. 사정이 이러하니 시댁에서도 며느리 입장을 이해해 주어 슈하이다를 우리에게 보내 주었다.

우리는 본의 아니게 참으로 무례한 이국의 불청객이 돼 버렸다. 말레이시아는 더운 나라이기에 사람이 죽으면 지체 없이 장례를 치른다고 한다. 그녀의 시아버지는 외국에서 돌아가셨고, 산 사람이 아니라 시신으로 돌아와야 했기에 본국으로 돌아오는데 일주일 넘는 시간이 걸렸다. 그 와중에 한국에서 손님이 와 있으니 얼마나 당황스럽고 혼란스러웠을지 미루어 짐작이 갔다.

시댁 일과 외국인 손님 접대를 소홀함 없이 해내는 것을 보고 그녀가 평소에 주변 사람들에게 얼마나 신뢰를 받고 있는지 알 수 있었다. 슈하이다는 차로 이동을 할 때나 줄을 서서 기다릴 때마다 말레이에 대한 많은 이야기를 들려주었다. 짧은 영어 실력에 반은 흘리고 반만 알아들었지만 느낌과 간접언어로 전해지는 것들도 있었으므로 많은 이야기를 나눈 것 같았다.

말레이에 도착한 날 우리에게 바가지를 씌웠던 택시 기사에 대한 곱지 않은 인상은 어느새 지워지고 있었다. 사람 사는 곳이 어디인들 크게 다를까. 이런 사람 저런 사람이 모여 살기는 이곳도 마찬가지였다. 슈하이다와 그녀 주변 사람들을 통해 바라본 말레이시아는 기후와 풍토는 달라도 정서가 우리와 많이 닮아 있었다. 길거리나 라디오에서 흘러나오는 음악이 처음 듣는 것인데도 생경하지 않았고 집에서 손님을 접대할 때의 문화도 비슷했다. 예의 바른 그녀의 제자 아니시와 에자도 잊을 수 없다.

그녀와 랑카위에서 이틀을 보내고 난 다음날 새벽에 우리는 다시 시댁으로 돌아가야 하는 슈하이다와 작별 인사를 나누었다. 자고 일어나면 자기는 없을 거라고 했다. 남은 일정을 즐겁게 보내라며 끝까지 함께하지 못해 미안하다고 했다.

그녀와 그녀의 가족들, 그리고 우리와 함께한 그곳의 모든 분들께 진심으로 고마운 마음을 전한다. '슈하이다, 당신의 나라 말레이시아를 그리고 당신을 오래오래 기억할게요. 뜨리마 까시!*'

* 말레이어로 감사합니다.

# 멍꽃

풍경이 서서히 지워지고 있다. 어둠 저편으로 사라지는 것들을 잡을 수가 없다. 이렇게라도 볼 수 있는 날들이 얼마나 될까? 내 힘으로는 어찌 감당할 수 없는 거대한 벽이 나를 향해 다가오는 것 같다.

지금 내가 볼 수 있는 세상은 저녁과 밤의 경계쯤이다. 감당해야 할 앞으로의 시간은 아슴한 저녁보다 어두운 밤에 더 가까워지리라. 그것이 점점 다가오고 있다는 생각에 이르면 실오라기 같은 희망마저도 끊겨버린다.

정기 검사를 받기 위해 병원에 가면 동공을 확대하기 위해 산동제를 눈에 넣는다. 약을 넣고 나면 한동안 눈을 감고 있어야 한다. 빛이 차단된 검사실, 적막 속에서 더디게 흐르는 시간은 공포에 가깝다.

몇 가지 까다로운 검사를 마치기도 전에 기진맥진한다. 그래도 약을 넣은 후유증을 견뎌야 한다. 얼추 여섯 시간은 잘 보이지 않기에 혼자서는 함부로 움직일 수가 없다. 아니, 차라리 산동제는 참을 수 있다. 정해진 시간이 있으니까.

낯선 곳에 일을 보러 간 날이었다. 지하도로 내려가는 에스컬레이터를 탔다. 계단에서 내려서면 평지로 이어지는 것이 보통이다. 그런데 그곳은 몇 발자국 앞에 대여섯 개의 계단이 더 있었다. 그걸 보지 못해 바닥에 나뒹굴고 말았다. 시선을 좀 멀리 두면 아래가 보이지 않고 내려다보고 걸으면 주변 지형물이 눈에 들어오지 않는다. 그러다 보니 경험에 의지하여 생각으로 보는 것에 익숙하다. 이번에도 내가 만들어 놓은 머릿속의 그림을 믿고 가다가 변을 당했다.

느닷없이 구른 탓에 정신이 혼미했다. 아픔을 느낄 새도 없이 얼른 일어나 자리를 피했다. 얼굴이 불가마처럼 달아올랐다. 다 반사로 일어나는 일이라 해도 매번 고통보다 민망함이 앞장을 섰다. 자리를 벗어난 뒤에야 비로소 통증이 몰려왔다.'멀쩡해 보이는데 왜 저러지?' 사람들은 고개를 갸웃댈 것이다. 절뚝거리며 걷는 등 뒤로 뭇 시선이 따가웠다.

후미진 곳을 찾아 부딪친 자리를 살펴보았다. 시멘트에 나뒹굴었으니 멀쩡할 리 없었다. 상처 부위는 곧 부어오를 것이고 넓은 자리를 차지하며 푸른 멍꽃이 피어날 것이다. 손바닥이 긁혀 피가 맺혔고, 손가락은 얼얼했다.

사람이 두 눈으로 확보할 수 있는 시야 각은 160도라고 한다. 세상은 이렇게 넓게 펼쳐져 있는데 내게 남은 시야는 10도를 넘지 못한다. 어쩌면 그동안 더 좁아졌을지도 모른다. 확인하는 것이 두려워 재어 보는 것도 두렵다.

주변 시야가 점점 좁혀들고 시력이 흐려지면서부터 몸 곳곳에 시도 때도 없이 멍꽃이 피었다. 푸른 꽃은 손목이며 팔뚝, 옆구리, 무릎과 다리 어느 자리도 가리지 않고 속으로 피었다. 내가 걷는 길에는 걸림돌투성이라 피하지 못하는 나에게서 계절도 없이 피고 졌다. 처음에는 이런 나를 누구도 눈치채지 못한다. 그러나 몇 시간만 같이 다니면 옆에 있는 사람이 더 불안해 한다.

멍꽃이 피면 푸른 피가 한동안 속에서 우물을 판다. 어느 정도 시간이 지나야 꽃빛이 바래지면서 아픔도 사라지고 눌려서 핀 꽃자리에 가려움이 찾아든다. 시간 지나면 멍은 사라지지만 마음에 파인 우물은 내가 걸어온 길에 흔적 하나 더 보탠다. 지상에 민낯을 내밀지 못하고 속으로 핀 꽃이 되어 켜를 이룬다.

이제 꼭 필요한 자리가 아니면 사람들은 나를 굳이 불러내지 않을 것이다. 주변으로부터 소외되었다는 것을 알아차리지 못하면 상관없지만 예민한 나는 금세 눈치챌 것 같아 미리 쓸쓸해진다. 내가 지고 가야 할 멍에를 어찌할 것인가. 시야각도와 마음자리는 비례하는 모양이다. 마음까지 비좁아진 내가 두렵다. 그런 일이 닥친다 해도 섭섭해 하지 말자고 마음을 다진다. 앞으로 경계하며 살아가야 하는 것 중에 하나는, 주변의 배려를 당연하게 생각하지 말고 무심함에도 서운해 하지 않는 일이다.

신에게 소리를 빼앗긴 베토벤처럼 읽고 써야 하는 내게 운명은 이 무슨 고약한 장난을 치는 것일까. 베토벤은 삼십대 중반부터 소리와 점점 멀어졌다. 그의 삶은 병든 귀에 대한 영웅적인 투쟁이었다. 그가 작곡한 곡들 중에는 소리를 완전히 잃어버린 후에 지은 것들이 많다. 세상의 소리와 단절된 지독한 절망 속에서도 불후의 꽃을 피워낸 그를 기억하며 수시로 주저앉으려는 내 절망을 일으켜 세운다.

나이 들면 내남없이 안고 사는 지병처럼 나도 그런 것이려니 여겨야 한다. 그렇게 생각하면 무섭고 서러운 일만은 아니다. 멍꽃이 피어났던 자리를 어루만지면 저마다의 이야기가 되살아난다. 압화를 가만히 들여다보면 기쁘고 슬펐던 이야기들이 뒤섞여 있다. 추억이란 주머니에 담기면 슬픔도 기쁨도 그리움이 되듯이 지나버린 것에는 맑고 고운 것만 건져 올리게 하는 여과장치라도 있는 것 같다. 살아갈수록 사는 일이 고행의 바다라는 것을 아는 나이가 되었다. 모양과 크기가 다를 뿐, 그것이 나에게만 특별히 찾아온 것이 아니라는 것도 알게 되었다.

주어진 삶을 거스를 수 없다면 곡진하게 사랑할 일이다. 알게 모르게 다가오는 밤의 시간이 말할 수 없이 두렵지만 마음에 피어 멍꽃이 된 저마다의 이야기를 지상으로 끌어올려 새롭게 피우고 싶다.

CD 한 장을 꺼낸다. 베토벤의 운명 속에서 나의 운명을 듣는다. 한 송이 꽃이라도 제대로 피울 수 있다면, 어둠이 내 앞을 가로막으려고 무리지어 몰려온다 해도 쉽사리 문을 열어 주지 않으련다.

# 멸치

승선 절차를 마치고 배에 오른다. 배정된 선실에 짐을 풀고 선상으로 나가니 눈부신 유월의 바다가 환하게 펼쳐진다. 푸른 물살을 가르며 나아가는 배에 몸을 실었지만 하늘과 바다만 보이는 물길의 행로를 가늠하기 어렵다. 그저 북상 중이라는 것만 알 뿐이다. 만 하루를 이 배 안에서 보내야 한다.

지금 나는 복잡하고 분주한 일상을 내려두고 망망한 곳에 서 있다. 가도 가도 끝없는 바다에 마음을 활짝 열어 새로운 것을 그득 담아 보고 싶다. 세상의 소음이 들리지 않는 가없는 이 시간을 한껏 누려보고도 싶다.

동해에서 뱃길로 연해주까지 가는 길이다. 유독 배만 타면 멀미를 했다. 심하게 겪었던 몇 차례의 뱃멀미가 생각나서 신경이 쓰이지만 오래전의 일이었다. 대책도 없이 낙관적인 나는 이번에는 별일이 없을 것 같은 예감이 든다. 아마 그럴 것이라고 최면을 건다. 그동안 탔던 배보다 훨씬 큰 배를 타고 가기에 그런 생각을 했는지도 모른다. 뱃길도 순탄해 보인다. 멀미가 두려워 약을 먹고 비몽사몽 헤매는 일은 하고 싶지 않다.

시간이 지날수록 약간의 너울이 인다. 내 속도 미세한 울렁임이 느껴지는 것 같다. 바람이 거세어진다. 머리카락이 하늘로 날아오를 기세다. 숨을 크게 들이마신다. 소금기 머금은 바람이 내 속을 말끔하게 해독시켜 줄 것 같다. 거침없이 부는 바람에도 배는 태연하게 갈 길을 헤쳐가고 있다. 이렇게 간다면 편안한 뱃길이 이어질 것 같다.

희망사항은 그것으로 끝날 때가 많다. 선상에서 낙조를 보고 싶었으나 흐린 하늘이 방해를 한다. 일몰의 아름다움도 하늘이 보여줘야 볼 수 있다. 바다에 어둠이 내리고 뱃소리만이 적막을 깨운다. 출항한 지 열 시간쯤, 설핏 잠이 든 것 같은데 새벽바다가 나를 흔든다. 눈을 뜨니 머리가 깨질 듯 아프고 뱃속이 요동을 친다. 속이 울렁울렁, 기어이 올 것이 왔다.

예감도 최면도 아무런 효력을 발휘하지 못한다. 배는 약간 흔들리는데 나는 몹시 흔들린다. 누워 있을 수가 없다. 속에 든 것을 게우고 내리느라 아예 화장실 손잡이를 붙들고 있다. 소금바람이 몸속으로 과하게 들어간 것일까. 내 속에 든 모든 것이 호되게 해독 중인가 보다. 나에게 필요치 않거나 가당치 않은 것이 이렇게도 많았단 말인가.

절반 넘게 왔다고 방심하고 있는 사이 멀미가 보란듯이 나를 공격하고 있다. 환장換腸한다는 말은 이런 경우에 쓰는 것이 아닐까 싶다. 비우면 비울수록 장이 뒤틀려 뱃속에 든 것을 모조리 쥐어짜내는 것만 같다.

시간이 얼마나 지나갔는지 알 수 없고 정신은 몽롱하기만 하다. 이제야 속이 웬만큼 비워졌는지 입안엔 침만 고인다. 슬픈 것도 아니면서 눈물은 왜 흐르는지 눈알조차 빨갛다. 그제야 텅

빈 속만큼 머리가 맑아지고 몸이 가볍다. 이번에도 멀미를 피해 가지 못했다. 세상의 소금바람에 어지간히 단련되었다고 생각한 것은 착각이었나 보다. 도대체 무엇을 자신할 수 있단 말인가.

삶은 극복할 수 있는 것과 극복할 수 없는 것으로 나누어지는 것 같다. 고통이 다가오면 받아내고, 슬픔이 밀려오면 그것에 몸을 맡기고, 파도가 등을 후려치면 고스란히 맞을 수밖에 없다. 닥쳐온 것에 어설프게 덤비지 말 일이다. 아래위, 양옆으로 흔들리는 배에 몸을 맡기듯 같이 흔들려 주는 것도 견딜 수 있는 한 방법이리라.

고통스러운 멀미를 겪고 나서야 다시 정신을 차린다. 한 번 걸린 돌부리에 두 번 다시 걸리지 않겠다고 단단히 마음을 먹어도 지나고 나면 또 이렇게 당하고야 만다. 온몸의 진을 있는 대로 빼버리고 겪을 만큼 겪어야 끝이 나는 멀미처럼 앞으로의 세상도 다르지 않을 것이니 방심하지 말라고 일러주는 것 같다.

해쓱해진 몰골이 볼썽사납다. 비칠비칠 갑판으로 나간다. 날은 바뀌었으나 바람은 여전하다. 내 몸을 훑고 지나가는 바닷바람을 빈속으로 들여보낸다. 소금기 머금은 바람으로 속을 단단히 달래기 위해서다.

고개를 들어 시선을 멀리 던지니 육지가 보인다. 스물네 시간 만에 만나는 육지, 블라디보스톡 항구다. 눈앞에 펼쳐진 풍경이 또렷해지는 것으로 보아 내 몸이 오지게 해독解讀된 것은 분명한 것 같다. 흐렸던 하늘이 파랗게 열리고 있다.

# 내부
# 수리 중

집밖 출입이 뜸했던 사이에 겨울이 밀려나 있다. 버스 안에서 바라본 거리 풍경이 무거운 커튼을 한 겹 걷어낸 듯 가볍고 발랄하다. 연분홍 니트를 차려 입은 출근길 처녀의 모습이 봄산의 진달래마냥 곱다. 무채색 두꺼운 옷을 입고 나온 내 모습과 대조를 이룬다.

집안에 우환이 겹쳐 속을 태우다보니 계절이 바뀐 줄도 몰랐다. 동생이 큰 수술을 받았고 어머님이 노환으로 입원하셨다. 양가에 환자가 있어 한동안 이 병원 저 병원을 쫓아다녔다. 집안의 급한 불을 끄고 나자 내가 늘어졌다. 복잡한 머릿속은 과부하가 걸렸고, 담담해지려고 애를 써도 스트레스는 물먹은 솜이 되어 어깨를 짓눌렀다. 어깨에 내려앉은 무거운 시간을 견디느라 용을 쓴 탓인지 탈이 나고 말았다. 잇몸이 욱신거리고 팔목도 무릎도 녹슨 철대문 열리는 소리가 났다.

중년의 고갯마루를 넘어서니 조금만 무리를 해도 몸이 이상 신호를 보낸다. 조심하며 아껴야겠지만 어중간한 이 나이에는 주변의 여건이 내 몸을 챙겨가며 편히 살게 가만 내버려두지 않는다. 연로한 부모님 걱정은 기본이고 뜻밖의 우환이 찾아들기에 편하기만을 바라서는 안 되는 시기인 것 같다. 멋모르고 뛰어다녔던 지난 세월과 젊음이 항상 곁에 머물러 줄 것만 같았던 시간이 눈 깜짝할 새 사라졌다. 몸에 부치는 힘든 일을 하더라도 자고 나면 새처럼 가뿐해지던 시절은 아슴한 세월 속에 묻혀 버렸다. 어린 시절 할머니가 곧잘 하시던 말씀이 새삼스럽다. 할머니는 새벽부터 일어나 쪽머리를 매만지며 “너거는 자고 나면 새처럼 가볍고, 자고 나면 또 새처럼 날아갈 것 같제?" 하시며 한숨을 쉬었다. 뛰어놀기 바빠 드러눕기만 하면 꿀잠에 빠져들던 그때는 그 말이 무슨 말인지 몰랐다. 할머니 말씀이 새록새록 떠오르는 나날이다.

물건은 사용하다 고장이 나면 새것으로 바꾸면 되지만 몸이 고장났다고 버릴 수는 없는 노릇이다. 남들 출근하는 시간에 버스 안에 서 있는 이유다. 겉으로 보기에 멀쩡한 게 한편으로 다행스럽기는 하다. 요즘은 제 나이보다 다들 젊어 보인다. 스스로 관리를 잘하는 까닭도 있지만 실상은 젊어 보이려고 거무레한 낯빛을 화장으로 감추고 균형 잃은 몸매를 옷으로 가린다. 다들 아닌 척하며 살지만 내용연수가 꽤 지난 중년의 속사정은 겉모습과 비례하지는 않는다.

민낯의 나는 운동화를 신고 헐렁헐렁 편한 차림으로 화사함이 가득한 버스 속에 있다. 불과 얼마 전만 해도 있을 수 없는, 스스로 용납이 안 되는 행색이다. 잠깐의 외출에도 제대로 갖춰 입는 것이 습관처럼 되어 있었는데 언제부턴가 편한 것에 익숙해졌다. 차림새에 따라 몸가짐은 물론 걸음걸이도 달라진다는 것을 알기에 불편해도 굽 있는 구두를 신고 바지보다 치마를 즐겨 입었었다. 긴장감 없이 느슨해진 변화에 내심 내가 더 놀랍다.

앞뒤로 앉아 있는 두 여인에게 눈길이 머문다. 처녀와 그 뒤에 있는 중년여인이다. 윤기 나는 머릿결, 하얀 피부에 탱탱한 탄력이 보기만 해도 눈이 부시다. 반면 할머니라 하기엔 젊고 아주머니라고 부르기엔 나이 들어 보여 호칭이 애매한 여인은, 낯빛과 옷차림이 구중중하다. 인정하고 싶지 않지만 저 모습 속에서 내가 보인다.

젊음을 되돌릴 수는 없겠지만 돌이킬 수 없을 만큼 망가지기 전에 미리 손을 써야겠다고 생각만 하다 더 이상 미룰 수 없게 되었다. 느슨해진 것은 조이고 뭉친 것은 풀어야겠다. 오늘은 어깨를 짓누르는 물먹은 솜뭉치를 걷어내기 위해 나선 길이다. 내일은 잇몸을 치료하기 위해 치과에 가야 한다.

버스가 백화점 앞을 지나간다. 내가 아직 꽃이라고 생각했던 시절에는 철이 바뀔 때마다 백화점 나들이를 하며 산호색 립스틱을 고르고 꽃무늬 원피스로 계절을 맞이했다. 옷, 가방, 구두를 사느라 수시로 열었던 지갑은 어느 순간부터 용처가 바뀌었다. 서글픈 것은, 예전에는 돈을 쓰고 나면 쓴 티가 났지만 이제는 지갑이 텅텅 비어도 돈을 들인 표가 별로 나지 않는다.

버스에서 내려 시장 통을 지나는데 아침부터 노랫소리가 요란하다. "내 나이가 어때서~~ 사랑하기 딱 좋은 나인데." 손수레 오디오 가게에서 흘러나오고 있다. 빙그레 웃으며 고개를 끄덕인다. 맞다! 내 나이가 어떻단 말인가. 살아왔다는 말이 온갖 경력의 주름을 늘리며 삶의 지혜를 만들듯 젊음이 가지지 못한 연륜의 숭고미가 있지 않은가. 서글프다고 어깨를 더 이상 늘어뜨리지 말아야겠다.

지금, 나는 내부 수리 중이다. 수선비가 녹록지 않게 들 기미를 보이지만 수선 충당금으로 용도가 변경된 지갑을 아낌없이 열어야겠다. 해마다 봄이 찾아오듯이 내 나이에 맞는, 두루두루 사랑하기 좋은 날이 다시 오기를 기대하면서 말이다.

# 58년생 개띠

58년생 개띠인 나는 뺑뺑이 세대이다. 내가 중학교에 갈 때 무시험 제도가 생겼다. 대도시에서는 그 전해부터 실시되었고 소도시인 고향에는 우리 학년이 첫 대상이 되었다. 한 해 전만 해도 선배들은 일류중학교에 가기 위해 머리 싸매고 공부를 했다. 실력이 모자랐거나 운이 닿지 않아 낙방하면 재수를 하든가 육학년 후배들과 학교를 한 해 더 다녀야 했다. 우리는 일명 뺑뺑이를 돌려 중학교에 갔다. 복불복이었다.

그때 고향에는 중학교가 네 곳이 있었다. 남자 중학교가 둘, 여자 중학교가 하나, 남녀공학이 하나였다. 제도가 바뀌면서 공학이던 곳은 여중이 되었다. 하지만 그 학교에는 다들 가고 싶어 하지 않았다. 남중과 여중에서 시험에 떨어진 아이들이 가는 곳이었으니 그럴 만도 했다.

추첨을 하러 가는 날이었다. 아침밥을 먹을 때 엄마는 뺑뺑이를 잘 돌리라고 신신당부했고 나는 그렇게 하겠다고 자신 있게 고개를 끄덕였다. 하지만 내가 갈 학교를 내 손으로 뽑는 날이라 마음이 조마조마했다. 이른 봄이어서 시린 바람에 몸이 자꾸 움츠러들었다.

임시로 마련된 추첨장은 먼저 온 아이들로 웅성거렸다. 선생님으로부터 몇 가지 주의사항을 듣고 줄을 섰다. 복권 당첨번호를 뽑을 때처럼 손잡이를 돌리면 통에서 번호가 적힌 공이 나왔다. 여중이 두 군데여서 확률은 반반이었다. 1번은 모두가 가고 싶어 하는 진해여중이었고 2번은 공학에서 바뀐 서여중이었다. 다른 아이들이 1번을 뽑을 때마다 가슴이 철렁했다.

내 앞에는 친구 순자가 서 있었다. 순자의 차례가 되었고, 공이 또르르 굴러 나왔다. 바로 뒤에서 지켜보던 나는 숨이 막힐 것 같았다 침을 꿀꺽 삼키고 순자의 공을 보았다. 1번이었다. 왠지 모를 불안이 엄습했다. 눈을 질끈 감고 손잡이에 힘을 실어 돌렸다. 운명의 여신은 나에게 2번 학교를 선물했다. 일류중학교에 갈 만큼 공부를 잘한 것도 아닌데 1점 차이로 떨어진 것처럼 억울해서 한번만 더 돌리게 해 달라고 떼라도 쓰고 싶었다.

원치 않았지만 나는 서여중 입학생이 되었다. 제도가 바뀔 때마다 덕을 보는 사람도 있고 손해를 보는 사람도 있다. 왜 이런 제도가 생겼는지 왈가왈부 시끄러웠지만 늘 그렇듯 큰 물살을 거스르며 살 수 없는 것이 보통 사람들의 삶이었다.

남녀공학에서 여중으로 새롭게 바뀐 학교는 의욕이 넘쳤다. '똥통학교'라는 오명을 씻기 위해 신입생들에게 지극정성이었다. 선배들은 신입생의 군기를 잡기는커녕 귀여운 동생을 보듯 했다. 우리는 마치 이 학교를 어쩔 수 없이 다닌다는 듯 고개를 빳빳하게 들고 다녔다. 반 배치고사를 치고 나자 특별반까지 만들었다.

중간고사가 끝나고 오랜만에 순자를 만났다. 초등 6년을 붙어

다니다가 중학생이 되면서 만나기가 쉽지 않았지만 일부러 보지 않은 것도 있었다. 무용을 하는 순자는 그 사이 키가 부쩍 자라 있었는데 학교 가는 게 썩 즐겁지가 않다고 했다. 여중의 신입생들은 선배들이 시험도 안 보고 들어왔다며 대놓고 구박을 한다는 것이었다. 그 말을 듣는데 왠지 우쭐한 기분이 되었다.

대도시에서는 중학교 무시험에 이어 고등학교까지 연합고사로 바뀌었지만 우리는 시험을 쳐서 진학을 해야 했다. 학교에서는 지나칠 만큼 열성적으로 공부를 시켰다. 특히 특별반에 속해 있는 아이들은 선생님들의 성화에 코피가 날 지경이었다. 수학 시간이 되면 쉬는 시간이 끝나기 무섭게 '피타고라스의 정리'를 소리 높여 외워야 했고 영어 시간에는 수십 개의 단어를 외워 매일매일 쪽지시험을 치며 중학 시절을 보냈다.

살아오면서 58년생 개띠들이 유난히 별나다는 말을 자주 들었다. 당사자의 한 사람으로 우리가 왜 그렇게 유별난지 제대로 알고 싶었다. 자료를 찾아보니 그만한 이유가 있었다.

1950년에 발발한 한국전쟁이 53년에 휴전이 되어 사회적으로 차츰 안정을 찾아가던 무렵부터 62년까지 인구가 급속도로 불어났다. 그중에서도 58년도에 출산율이 정점을 이루었다. 58

년생들이 베이비부머 세대의 대표주자가 되었다. 이때 태어난 아이들이 취학연령이 되면서부터 여러 가지 문제가 생기기 시작했다.

우리가 초등학교를 다닐 때 교실은 콩나물시루를 연상케 했고 일부 학교는 2부제 수업을 해야만 했다. 중학교는 무시험으로 고등학교는 연합고사로 진학을 했기에 일류학교와 '핫바지학교'의 차이를 희석시켰으며, 대학을 진학할 때는 예비고사와 본고사 모두 가장 치열한 경쟁률을 뚫어야 했다. 빵빵이 세대가 결혼할 시기가 되자, 신혼부부들의 주택난이 심각한 문제로 대두되었다. 그 해결책으로 분당과 일산에 신도시가 생겨났다.

58년생 개띠들은 평등의식이 유난히 강하다. 이것은 소위 일류 중고교를 다니지 않은 까닭에 엘리트 의식, 나아가서 권위의식이 별로 없다는 뜻이다. 또한 똑똑하고 의식 있는 젊은이들이 태평양전쟁과 한국전쟁에서 전사하여 남은 사람끼리 경쟁했던 윗세대를 살짝 낮잡아 보는 경향이 있다. 1980년대에 졸업정원제로 입학이 다소 수월해진 후배들이 우리보다 조금 쉽게 대학에 들어갔다는 이유로 상대적 자부심을 가지고도 있다. 사회 여러 방면에서 전 세대와도 차별화되고 후 세대와도 차별되어 튀다 보니 '58년 개띠'라는 용어까지 생기게 되었다. 선배들이나 후배들이 들으면 뇌꼴스러운 이야기일 수도 있으나 77학번 58년 개띠들이 그래서 별나다는 말을 듣는다.

태어날 때부터 수적으로 주목을 받았고 본의 아니게 생애의 중요한 시기마다 사회변화를 주도하는 세대로 살아왔다. 파란 많은 뺑뺑이 세대 58년 개띠들이 이제 은퇴기를 맞이했다. 무시험으로 중학교에 간다고 뺑뺑이를 돌리던 때가 엊그제 같은데 우리는 어느새 저무는 노을 속으로 걸어가고 있다.

| 발문 |

# 삶과 문학, 그 비장한 아름다움

수필가 **허창옥**

이지원은 수필문학에 대한 열정과 의지가 대단한 작가이다. 수필가로서 그리고 한 인간으로서 자의식 또한 남다르다. '수필가는 어떤 시선으로 세상을 바라보아야 할 것인가.'를 고민하고 있으며, 자신의 삶과 문학에 대해서도 끊임없이 성찰하고 질문한다. 철저한 내면 응시와 세상을 향한 애정 어린 시선이 그의 수필세계를 관통하고 있다. 그의 작품들은 그래서 울림이 크다.

첫 수필집 ≪무종≫에서 이미 그는 자신이 시야가 점점 좁아지면서 차츰 시력을 잃어가는 중도시각장애인임을 고백했다. 하지만 작가는 담담하다. 감정은 잘 정제되어 있고 문장은 물 흐르듯 편안하다. 작품들은 대부분 탄탄한 줄거리를 지니고 있으며 선명한 메시지를 내포하고 있다.

〈바다를 저장하다〉에서 그는 자신의 열정이 "하고 싶어도 할 수 없는 날에 대한 본능적 위기감 때문인지 모른다."라고 서술한다. 매우 뼈아프지만 맞는 말일 것이다. 첫 수필집이 나오고 3년 만에 묶어내는 이 책이 그 '본능적 위기감'과 열정의 산물이 아니겠는가.

> 잔잔한 바다 한 귀퉁이, 반짝이며 흐르는 물비늘 몇 가닥, 자유롭게 떠다니는 뭉게구름 한 조각…. 전부가 아닌 일부밖에 담지 못해도, 또렷하게 보이지 않아도 감사한 것일까.

> 오늘 본 바다는 우리가 앞으로 보게 될 바다 중에서 가장 넓은 그림으로 남게 될 것이다. 훗날 눈물겹게 그리워하게 될 오늘을 영원히 기억하고 싶기에… 저장키를 누른다.

결미에서 비장미가 느껴진다. 대상의 일부만을 볼 수 있을 뿐 전체를 보지 못하는 작가는 그러나 좌절감과 두려움을 넘어 세계를 더 넓게 바라보려는 의지를 가지게 된다. 그의 그런 의지는 노인문제, 청년문제, 역사의식, 계층 간의 위화감 등 다양한 현상들을 놓치지 않는다. 개인의 체험에서 비롯된 문제는 대개의 경우 모두의 문제로 확장된다. 그리하여 사회에 대한 부채의식을 각성시킨다. 수필가 이지원이 세상을 향해 목소리를 내는 것이다.

표제작인 〈낙타가 태양을 피하는 법〉은 난감한 처지에 직면한 자신의 서투른 대응을 후회하면서 낙타가 어떻게 사막의 뜨거움에 대처하는가를 말해준다. 낙타는 태양을 정면으로 바라봄으로써 스스로 그늘을 만들어 몸 전체가 뜨거워짐을 막는다는 것이다. 태양과 맞섬으로써 오히려 뜨거움을 줄이는 낙타의 지혜에 빗대어, 우리 사회를 휘몰아쳤던 감염병 '메르스'에 대처했던 당국을 질타한다. 〈슬픈 그림〉, 〈꿈꾸는 방〉, 〈보타이시 묘〉, 〈탱자나무 울타리〉들에서 이 시대가 가지고 있는 불편한 현상들을 들추어낸다.

〈탱자나무 울타리〉는 "사물을 통해 기억이 새로워질 때가 있다." 로 시작된다. 첫 문장이 신선하다. 한적한 시골길에서 만난 탱자나무 울타리를 보면서 이지원은 어린 시절을 떠올린다. "아버지는 군인이 아니었고 우리 집에는 지프차도 없었다." 도무지 좁혀지지 않는 간극, 계층 간의 넘을 수 없는 벽, 그에 따라오는 위화감과 좌절감, 신분상승의 욕구 같은 다소 복잡한 감정들이 담겨있다. 글의 마지막에서 그는 이제 "울타리의 안과 밖이 환하다."라고 말한다. 계층 간의 벽으로 상징되었던 탱자나무 울타리, 밖은 음지였고 안은 양지였다. 이제 안과 밖이 함께 환하다. 승화된 결말이다.

〈보람줄〉은 독서확대기로 책을 읽는 '수필가' 이지원의 모습과 심리를 섬세하게 담아낸 글이다. 〈바다를 저장하다〉와 마찬가지로 비장한 아름다움이 느껴지는 작품이다.

> 독서확대기 렌즈에 불이 들어오자 모니터에 글자가 나타난다. 리모컨으로 글자 크기를 조절하니 깨알 같던 활자가 콩알만 해진다. 황소 눈알만 하게 할 수도 있다. 스탠드 모양의 확대기는 이제부터 또 다른 나의 눈이 될 것이다.

도입부 한 단락이 글 전체를 함축하고 있다. "어둠으로 향하는 깊은 계단을 한 칸씩 내려서는 것처럼 간담을 저리게 하는 일이었으나 받아들일 수밖에 없었"던 그의 심경이 절절이 와 닿는다.

"내 인생의 보람줄은 시력이 약화된 즈음에 머물러 있다." 독서확대기로 책을 읽으며 그는 지나온 삶을 성찰하고, '지금'이라는 곳에 오래 끼워둔 보람줄을 걷어내고 '내일'을 읽기 위해 책장을 넘긴다. 독서확대기는 책을 읽는 도구인 동시에 삶을 읽으려는 의지의 표상이 되는 것이다.

글쓰기와 삶을 대하는 그의 태도는 치열하고 진지하다. 수필가 이지원의 의지와 열정을 응원한다.

이지원 수필집
# 낙타가 태양을 피하는 법

**인쇄** 2016년 9월 20일
**발행** 2016년 9월 28일

**지은이** 이지원
**발행인** 서정환
**펴낸곳** 수필과비평사
**주소** 서울시 종로구 삼일대로 32길 36(익선동 30-6 운현신화타워 빌딩) 305호
**전화** (02) 3675-3885, (063) 275-4000 · 0484
**팩스** (063) 274-3131
**이메일** sina321@hanmail.net essay321@hanmail.net
**출판등록** 제300-2013-133호
**인쇄 · 제본** 신아출판사

저작권자 ⓒ 2016, 이지원
이 책의 저작권은 저자에게 있습니다. 서면에 의한 저자의 허락없이 내용의 일부를 인용하거나 발췌하는 것을 금합니다.
COPYRIGHT ⓒ 2016, by Lee Jiwon
All rights reserved including the rights of reproduction in whole or in part in any form.
저자와 협의, 인지는 생략합니다.
잘못된 책은 바꿔 드립니다.

ISBN 979-11-5933-047-6 03810

**값 13,000원**

이 도서의 국립중앙도서관 출판예정도서목록(CIP)은 서지정보유통지원시스템 홈페이지(http://seoji.nl.go.kr)와 국가자료공동목록시스템(http://www.nl.go.kr/kolisnet)에서 이용하실 수 있습니다.(CIP제어번호: CIP2016022722)

Printed in KOREA

* 이 책은 2016년 울산광역시 ULSAN METROPOLITAN CITY 한국문화예술위원회 에서 문예진흥기금 일부를 지원받아 발간했습니다.